高揚するコンサル したたかな弁護士

週刊東洋経済 eビジネス新書 No.444

高揚するコンサル したたかな弁護士

本書は、東洋経済新報社刊『週刊東洋経済』2022年11月5日号より抜粋、加筆修正のうえ制作しています。情報は底本編集当時のものです。（標準読了時間 120分）

高揚するコンサル　したたかな弁護士　目次

マウントを取り合う知的エリート

「今は人が足りない。『辞めます』と言って引き留めてもらい、給料を上げてもらう。社内転職です」。ある中堅のコンサルタントはそう言い切る。

近年コンサルタントが脚光を浴びている。若くして年収1000万～2000万円という待遇、大企業の役員と渡り合い組織を動かせる裁量――。それらの魅力が優秀な人材を引きつけている。

コンサル市場は数少ない成長分野だ。IDC Japanによると、国内のビジネスコンサル市場は2021年の5724億円から、26年には8732億円まで拡大し、ITコンサルも伸びる見込みだ。企業のDX需要を背景に今後も成長するのは間違いない。

　中でも今や世界で従業員数71万人超を誇るアクセンチュアの勢いはすさまじい。国内でも新卒・中途含め、年間千人単位で採用、東京大学など最難関校の学生にはトップクラスの人気企業である。

「大前研一さんや堀紘一さんのようなカリスマコンサルはいなくなった。センスよりロジカル。もうコンサル会社は規模の勝負だ」（都内コンサル社長）

　将来が期待されるコンサル市場を狙い、ここ数年、経営資源を投入しているのが監査法人。監査法人にとって本業の監査部門は安定しているが、監査厳格化の要請もあり監査先を増やせない。

　一方で増やしているのがコンサルやM&A助言など非監査部門だ。4大会計事務所「ビッグ4」のうち3グループは、業務収入に占める非監査部門の比率のほうが大きい。プライスウォーターハウスクーパース（ＰｗＣ）は非監査部門が全体の7割以上を占める。

コンサルについては弁護士も傍観していない。「5大法律事務所」の一角であるTMI総合法律事務所はグループ内でスタートアップをいくつも設立。ヘルスケアやプライバシー&セキュリティなど、専門のコンサル会社をつくり、コンサル志向を一層強めている。

むしろ法律事務所の場合、会計ビッグ4が相次ぎ弁護士法人を新設、守勢に立っているのも事実。企業との接点が限られる弁護士には決算で企業との付き合いも多い公認会計士の参入は脅威だろう。

弁護士、会計士、税理士……。いずれも難関の国家試験を突破したプロたちが、コンサルという存在を前に身構えている。本誌ではコンサルタントと弁護士に焦点をあて、最新事情をリポートする。

（大野和幸）

◆ **華やかなコンサルを向こうに、弁護士や会計士も参戦**
―専門領域を超えたプレーヤーの相関図―

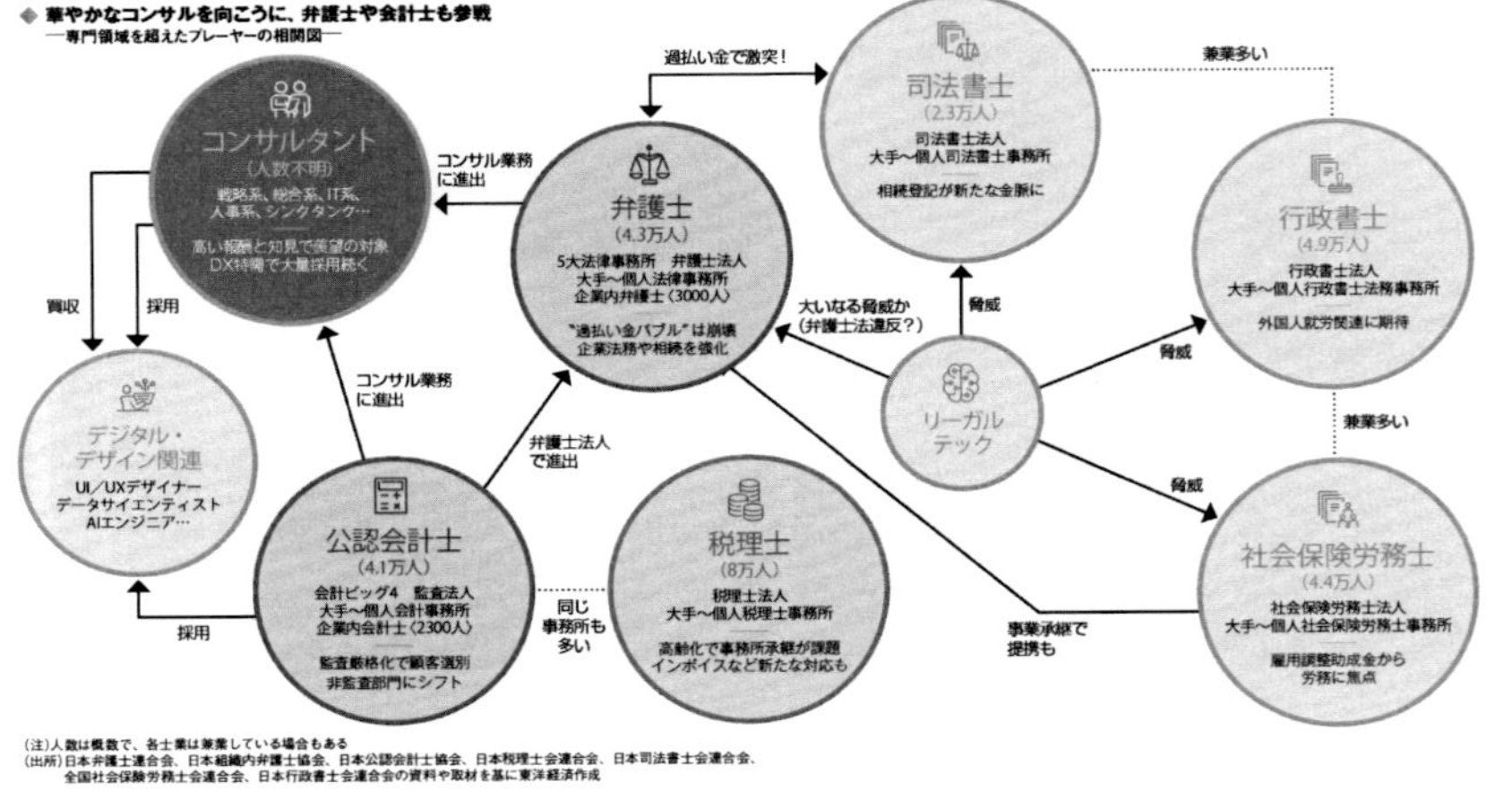

(注)人数は概数で、各士業は兼業している場合もある
(出所)日本弁護士連合会、日本組織内弁護士協会、日本公認会計士協会、日本税理士会連合会、日本司法書士会連合会、全国社会保険労務士会連合会、日本行政書士会連合会の資料や取材を基に東洋経済作成

独走アクセンチュアの行く末

「他社の半分か3分の1の金額を提示してくる。戦略系の案件を安く取ってＩＴ系の案件につなげる。ＩＴのほうが人と時間がかかって稼ぎやすいから」

4大会計事務所「ビッグ4」の一角に勤めていた20代の若手コンサルタントは振り返る。競合相手を驚かすほど破格の安値を提示したのは、今をときめくコンサルティング会社のアクセンチュアだ。

上流の戦略系から下流のＩＴ系まで一気通貫でそろえていることが総合系コンサルであるアクセンチュアの強み。戦略でつかんだクライアントはシステムの開発やアプリのデザインの受注へとつなげていく。ここで「規模のメリット」が生きてくる。

それだけアクセンチュアの拡大志向は際立っている。2022年8月期は世界で売上高615億ドル（前期比21・9％増）で純益が69億ドル（同16・7％増）、34億ドルを投資し38件のM&Aを行った。

日本の人員は2012年の4900人から22年の1・9万人に4倍近く拡大している。国内コンサルでは最大手で、外資戦略系コンサルのマッキンゼー・アンド・カンパニーやボストン・コンサルティング・グループ（BCG）で1000人以下だから、いかに大きいかわかる。会計ビッグ4のどのグループより人数が多い。

しかもシステム開発などで、アクセンチュアは外注には頼らず、自社で完結する。顧客の現場に常駐し、実装まで支援する。

「量より質」を標榜していたマッキンゼーやBCGも、ここ数年は急速な勢いで人員を採っている。かつて新卒市場では、ゴールドマン・サックス、マッキンゼー、BCG、アクセンチュアの順で給与が高く、上から順に学生が志望するといわれたが、今日ではその序列も崩れているという。

―タイプ別に見るコンサル業界MAP―
戦略
外資戦略大手
マッキンゼー・アンド・カンパニー
McKinsey&Company
ボストン コンサルティング グループ
BCG
ベイン・アンド・カンパニー
BAIN & COMPANY
アーサー・ディ・リトル
ARTHUR D LITTLE
A.T.カーニー
KEARNEY
ローランド・ベルガー
Berger
デジタル特化部隊
マッキンゼー・デジタル
McKinsey Digital
デジタルBCG
DIGITAL BCG
国内戦略
P&Eディレクションズ
P&E DIRECTIONS
ドリーム インキュベータ
DI
コーポレイト ディレクション
Corporate Directions, Inc.
シンクタンク
三菱総合研究所
MRI 三菱総合研究所
野村総合研究所
NRI
三菱UFJリサーチ&コンサルティング
MUFG
日本総合研究所
日本総研
総合
会計ビッグ4
デロイト トーマツ
Deloitte.
KPMG
KPMG
EY
EY
PwC
pwc
総合×デジタル
アクセンチュア
accenture
デジタル実行部隊
デロイト トーマツ アクト
デロイト トーマツ ノード
Deloitte.
シグマクシス ホールディングス
SIGMAXYZ
ベイカレント・コンサルティング
BayCurrent
アビーム コンサルティング (NEC系)
ABeam Consulting
アクセンチュア ソング
Accenture Song
リヴァンプ
REVAMP
ディルバート
プロジェクトカンパニー
ProjectCompany
ライズ・コンサルティング・グループ
RISE CONSULTING GROUP
ノースサンド
NORTHSAND
IT
キャップジェミニ
Capgemini
日本IBM
IBM
スカイライト コンサルティング
SKYLIGHT
フューチャー アーキテクト
FUTURE ARCHITECT
クニエ (NTTデータ系)
マネジメント ソリューションズ
MSOL
レイヤーズ・コンサルティング
LAYERS CONSULTING
日立コンサルティング
株式会社 日立コンサルティング
ブティック系
プロレド・パートナーズ
Prored Partners
フロンティア・マネジメント
事業経営×事業投資
経営共創基盤
IGPI
YCPグループ
YCP Holdings
イグニション・ポイント
Ignition Point
ベンチャー・スタートアップ
リブ・コンサルティング
LiB CONSULTING
サンアスタリスク
Sun*
グッドパッチ
Goodpatch
デザイン
タクラム
Takram
アイディオ
IDEO
マッキンゼー・デザイン
LUNAR
フロッグデザイン
frog
中小
山田コンサルティンググループ
船井総合研究所
Funai Soken
タナベコンサルティンググループ
TCG
（出所）「コンサルティング業界カオスマップ2022」（リブ・コンサルティング）を基に東洋経済作成

「美術系の人が欲しい」

ＩＴ分野の業務が増えるにつれ、コンサルの役割も変容している。ある戦略系コンサルのトップは「これだけ変化のスピードが激しい今、戦略の〝賞味期限〟は短くなっている」と自らの状況を冷静に見る。

とくにＤＸ（デジタルトランスフォーメーション）が必須となった現在、欠かせないキーワードがデジタルだ。戦略系２社は専門組織のマッキンゼー・デジタル、デジタルＢＣＧをそれぞれ発足させた。ビッグ４の最大手であるデロイト トーマツもデジタルの実行部隊を抱えるようになった。

１つのプロジェクトが何百人単位にもなると、人がどんどん足りなくなってくる。ただし、各社が採用に血眼になる中でも、実は欲しい人材は変容しつつある。もう１つのキーワードは、ズバリ「デザイン」だ。

１５年、就任して間もないアクセンチュア日本法人の江川昌史社長は、美術系大学３校を訪問。理事長たちと話し合う中、「日本は人材の無駄遣いをしている」と感じたという。デザインに強い人材が重要視されているのに、美術系の大学生は一般的に就職などの進路に困っているからだ。

「アップル製品に代表されるようにデザインのセンスは超重要。それ次第で成功確率が違う」。そうした江川社長の方針により、翌年から美術系の学生がコンスタントに入社するようになった。年間300人程度の新卒を採るアクセンチュアだが、求めているのは偏差値の高い秀才ばかりではない。

事業会社が製品を開発するに当たっては、今やUI（ユーザーインターフェース）やUX（ユーザーエクスペリエンス）の視点が欠かせない。デザインを通じた顧客との接点、サービスで得られる顧客体験を、コンサル自身が直感で頭に描けなくてはならない。

「必要なのは理屈でなく、アイデアや美意識。世の中を捉えるセンスだ」と関厳・リブ・コンサルティング代表取締役は分析する。

かつてコンサル会社といえば、机上で戦略を練るコンサルタントが主たる構成員だった。しかし現状ではデジタル人材に加え、UI／UXデザイナーやサービスデザイナー、デザインリサーチャーなど、デザインの人材も参加する。そうしてクライアントと共に事業をつくり込んでいる。

コンサル会社の役割とは

デザイン系コンサルの大手への傘下入りも活発だ。マッキンゼーはＬＵＮＡＲ、デロイト トーマツはＨｅａｔ、アクセンチュアはフィヨルド（Fjord）を買収。タクラムのように、メルカリのロゴやリブランドを手がけて、一躍有名になったところもある。専門特化で光るデザインファームの価値は明らかに上がった。

かつてのようにカリスマコンサルが引っ張るわけではない。いまアクセンチュアがＤＸで求めているのは３０種類の人材であり、あらゆる分野を含めると１００種類は欲しいという。多様な人材をつなぎ合わせて化学反応を起こす。そんな触媒のような役割がこれからのコンサル会社に要求されているのかもしれない。

コンサル業界はより景気変動に左右されやすいとされる。もうコンサルが〝高級派遣〟の時代は終わった。効果のわからない企画書を出すだけで、大金を支払ってくれる悠長なクライアントはいない。生き残れるコンサルの条件はますます厳しくなっている。

（大野和幸）

産業界に人材を輩出、根を張る
コンサル会社出身の主な経営者一覧

氏名	企業	役職	年齢	主な旧職
マッキンゼー・アンド・カンパニー				
大前研一	ビジネス・ブレークスルー	会長	79	マッキンゼー元日本支社長
安達 保	ベネッセHD	社長兼CEO	69	
藤井清孝	コニカミノルタ	専務執行役	65	SAPJ元社長
南場智子	ディー・エヌ・エー	会長	60	
織風潤一	日本産業推進機構	業務推進リーダー	59	シーメンスJ元社長
谷村 格	エムスリー	社長	57	
近藤正晃ジェームス	国際文化会館	理事長	54	米ツイッター元副社長
堂前宣夫	良品計画	社長	53	
川鍋一朗	日本交通	会長	51	
高島宏平	オイシックス・ラ・大地	社長	49	
岩田林平	クックパッド	代表執行役兼CEO	48	
加藤智治	まん福HD	社長兼CEO	48	ゼビオ元社長
柴山和久	ウェルスナビ	代表取締役兼CEO	44	
田中裕輔	ロコンド	社長兼CEO	41	
豊田剛一郎	メドレー	取締役、医師	38	
岡田祥吾	プログリット	社長	31	
ボストン コンサルティング グループ（BCG）				
正田 修	日清製粉グループ本社	相談役名誉会長	80	
三枝 匡	ミスミグループ本社	名誉会長	78	
堀 紘一	農林漁業成長産業化支援機構	会長	77	ドリームインキュベータ元会長
三谷宏幸	レイヤーズ・コンサルティング	顧問	69	ノバルティスファーマ元社長
樋口泰行	パナソニックコネクト	社長	64	ダイエー元社長
冨山和彦	経営共創基盤	共同経営者	62	産業再生機構元COO
斎藤英明	ジャパンシステム	社長	59	アクサダイレクト生命保険元社長
須原清貴	日本サッカー協会	専務理事	56	キンコーズ・J元社長
橘田尚彦	楽天ステイアセットマネジメント	社長	55	ケンコーコム元社長
川西 徹	サンバイオ	会長	54	
岡本浩一郎	弥生	社長	53	
榊 淳	一休	社長	50	
岩瀬大輔	KLKTN	CEO	46	ライフネット生命保険元社長
武地健太	freee	CSO	40	
アクセンチュア				
山下 泉	ビッグデータマーケティング教育推進協会	理事長	74	かんぽ生命保険元社長
金子英樹	シンプレクス・HD	社長兼CEO	59	
西尾直紀	メディアシーク	社長	56	
田村誠一	ローランド・ベルガー	シニアパートナー	53	JVCケンウッド元副社長
吉松徹郎	アイスタイル	会長兼CEO	50	
遠藤直紀	ビービット	代表取締役	48	
太田 睦	ギフティ	代表取締役兼CEO	37	
ベイン・アンド・カンパニー				
笹沼泰助	アドバンテッジパートナーズ	共同代表	68	
新井健資	カチタス	社長	53	
相木孝仁	ベイシア	社長	50	鎌倉新書元社長
塩野 誠	経営共創基盤	共同経営者	46	ライブドア証券元副社長
A.T.カーニー				
楠 雄治	楽天証券	社長	59	
松島陽介	JMDC	社長兼CEO	50	ノーリツ鋼機元副社長
松本恭攝	ラクスル	社長兼CEO	38	
コーポレイトディレクション				
谷井 剛	フォーバル	常務	57	
梅田優祐	モノクローム	CEO	41	ユーザベース元CEO
アーサー・ディ・リトル				
グレン・S・フクシマ	米証券投資者保護公社	副理事長	73	米USTR元代表補代理
ローランド・ベルガー				
水留浩一	FOOD & LIFE COMPANIES	社長兼CEO	54	日本航空元副社長
ストラテジー&（PwCコンサルティング）				
岩田松雄	リーダーシップ・コンサルティング	代表	64	スターバックス コーヒー J元CEO
川上 潤	カーライル・J	シニアアドバイザー	59	GEヘルスケア・J元社長
岩村水樹	米グーグル	バイスプレジデント	57	

（注）年齢順で、2022年10月31日時点。企業は転籍や起業、独立した先。役職は主なものに限る。アクセンチュアは旧アンダーセン・コンサルティングを含む。HDはホールディングス、Jはジャパンの略　（出所）各社資料やサイトを基に東洋経済作成

あの伊藤忠や電通も本気になった

アクセンチュアvs.異業種戦争

ここ数年膨張しているアクセンチュアの勢いが止まらない。2013年に英デザイン企業のフィヨルド（Fjord）を買収して日本拠点を開設。19年には、米広告クリエーティブ企業のドロガファイブ（Droga5）を買収し、アジアで初めてとなる拠点を東京に設立した。

ほかにも国内では、システム開発・運用を手がける中堅企業を複数、傘下に置いている。直近だとこの9月、東証グロース市場に上場するAI（人工知能）アルゴリズムの開発企業アルベルト（ALBERT）に対し、株式公開買い付け（TOB）を開始すると発表。アクセンチュアが国内上場企業を買うのは異例だ。

◆ **次々とデジタル、デザイン分野を傘下に**

—アクセンチュアの近年の買収先一覧—

相手企業	買収時期	事業内容
英Fjord	2013年	デザインスタジオ
アイ・エム・ジェイ	16年	デジタルマーケティング
独Mackevision	18年	CG映像・没入型コンテンツ制作
米Droga5	19年	広告クリエーティブ
独アムラウト	21年	エンジニアリング向けコンサル
ビジネットシステム	21年	ECサイト構築・運営
タンバリン	21年	ECサイト構築・運営
ディアイスクエア	21年	製造業向けコンサル
ALBERT	22年	ビッグデータ・AI活用コンサル

(注)ディアイスクエアは一部事業の買収、ALBERTはTOB期間が2022年11月21日まで　(出所)各社資料や取材を基に東洋経済作成

今や日の出の勢いのアクセンチュアと組もうという大企業も相次ぐ。2021年来、資生堂や住友化学、中部電力、クボタとは合弁会社を設立し、各社の事業のデジタル化を一手に担おうとしている。

あらゆる企業が「DX（デジタルトランスフォーメーション）」を迫られる今、自社にないノウハウや人材を求め、コンサルティング会社には相談が殺到。とくに総合コンサルのアクセンチュアは、戦略コンサルからシステム開発・運用、アウトソーシング、デジタルマーケティング、デザインなど一通りの機能を備えており、日本の人員は1万9000人と急速に陣容を拡大している。

だがそんなアクセンチュアに対抗する動きが出てきている。総合商社の伊藤忠商事、広告会社の電通グループといった異業種のトップが、矢継ぎ早に対策を繰り出しているのだ。

広告最大手と組む伊藤忠

伊藤忠は2022年9月、広告代理店では世界最大手の英WPPグループと合弁で、顧客体験デザインのコンサル会社を設立した。新会社には伊藤忠、システム開発子会社の伊藤忠テクノソリューションズ（CTC）、WPP傘下でコンサルを手がけるAKQAが出資する。伊藤忠グループとAKQAの折半出資となる見込みだ。

AKQAは、クライアントが顧客に提供する体験を分析して、必要なテクノロジーを抽出。新製品のコンセプトや市場投入までの計画を定め、アプリケーションの開発やデザインなどの実装まで行っている。クライアントには、米国のナイキやP&G、デルタ航空、スウェーデンのH&Mやボルボ・カーなどが並ぶ。

とりわけナイキでの実績は幅が広い。店舗における会員向けのサービスやデザイン、カスタマーセンターの整備、会員との接点となるアプリ開発などがそうだ。アプリ会員は2億人に達し、会員1人当たりの売り上げは非会員に比べ、数倍もの規模になった。

協業を取り仕切っているのが伊藤忠の情報・金融カンパニー。カンパニーには前述のCTCやカスタマーサポートのベルシステム24がある。ただ、デジタル化を進めたい顧客の要望に応えるには、システム開発会社だけでは十分でない、という課題があった。

そこで伊藤忠はここ数年、デジタル分野のコンサルティングの上流（戦略策定）から下流（開発・運用・分析）までの機能をそろえるため、データ分析ソフトのウイングアーク1st、データ活用コンサルのブレインパッド、戦略コンサルのシグマクシス・ホールディングスに相次ぎ出資。さらにグーグルクラウドの開発や運用を担う子会社も設立した。

「確かにCTCはITでは強い。が、デジタル化となると戦略から入ることが重要で、強いのはアクセンチュアやデロイト トーマツだ。顧客体験では求められる素養が異なり、実行部隊でAKQAが必要だった。われわれは出資先も含めオーガナイザーになる」

情報・金融カンパニーで情報産業ビジネス部ITビジネス第一課長を務める土川哲

平氏は語る。

伊藤忠はファミリーマートやヤナセ、ほけんの窓口のように、ＢｔｏＣの事業もグループ内に多い。食品卸会社を持つ食料カンパニーでは多くの小売事業者との取引もある。「取引先の商売がデジタルで成功すれば自社の業績につながる。コミットメント（責任）はコンサル会社と違う」（土川氏）。

電通はＤインキュに出資

一方の電通グループも、従来のマス広告の取引が頭打ちになる中、電通デジタルや電通国際情報サービス（ＩＳＩＤ）などの子会社を先頭に立たせた。デジタルマーケティングに必要なＷｅｂサイト、セールスフォースのような顧客管理システムの開発・運用のほか、より広範な戦略コンサルまでビジネスを広げようとする。

特徴的なのは、アクセンチュアがコンサルから広告マーケティングの領域ににじみ出してきたのに対し、電通は逆を行っていることだ。堀紘一氏が創業したコンサル大手ドリームインキュベータの株を20％取得し2021年に持ち分法適用会社化。22年5月には大企業の新規事業創出を担う新興コンサルのイグニション・ポイントを買った。

上流の戦略コンサルは、企業の幹部クラスとの接点も多く、長期契約にもつながりやすい。電通グループの五十嵐博社長は「代理店とコンサルの融合モデルによって、顧客企業の経営幹部との関係性が深まり、継続課金のビジネスモデルが強化されている。景気に左右されにくい収益構造に変わってきた」と自信を見せる。

単にコンサル業務を受託するだけでなく、電通は顧客との協業を通じて、収益とリスクを分け合うモデルも広げている。21年以降、トヨタ自動車や三井住友フィナンシャルグループ、アサヒビールをはじめ、各業界の大手とも相次いで合弁会社を設立した。

◆ **商社や広告の大手はコンサル機能を取り込む**
—伊藤忠と電通の資本提携先一覧—

社名	相手企業	形態	出資比率	発表時期	事業内容
伊藤忠商事	ウイングアーク1st	出資	数%	2019年12月	企業のデータ集計・分析、可視化ツール提供
	ブレインパッド	出資	3%	20年11月	企業のビッグデータ活用やデジタルマーケティング
	シグマクシス・HD	出資	9%	21年4月	企業のDX支援を中心にした戦略コンサル
	AKQA	合弁	50%	22年7月	顧客体験領域のコンサル
電通グループ	ドリームインキュベータ	出資	20%超	21年5月	戦略コンサルやイノベーション支援
	イグニション・ポイント	買収	61%	22年5月	新規事業創出等の戦略コンサル

(注)出資比率は推定　(出所)各社資料や取材を基に東洋経済作成

伊藤忠や電通だけではない。21年に米カーライル・グループのTOBで非上場化した広告制作大手AOI TYOホールディングスも22年5月にコンサル会社のフィールドマネジメントを買収した。

AOI TYOの社外取締役でカーライルの小倉淳平マネージングディレクターは言い切る。「代理店やコンサルはプランニング中心。うちには広告などクリエーティブを作り切る能力がある。コンサル機能も持つことで消費者の反応を見ながらクライアントの戦略を柔軟に改善できる」。

商社や広告が自らの境界線を超えて挑む。アクセンチュアをめぐる異業種バトルは今後もますます熱を帯びそうだ。

（中川雅博）

〔覆面座談会〕

若手コンサルが見た理想と現実

活況が続くコンサルティング業界。一方、現場で働く社員からは、さまざまな悩みが聞こえてくる。業界の実情を若手コンサルタントたちに聞いた。

（個別取材を基に座談会形式で構成）

【Aさん】（20代男性）
【Bさん】（20代女性）
【Cさん】（20代女性）
【Dさん】（20代男性）

――コンサル会社に入社した理由を教えてください。

【Aさん】新卒で外資の総合系コンサルに入りました。理由は単純で、給料が高かったから。給料が高い順に企業をリストアップし、上から受けて内定が出たのがコンサルです。結果を出していれば、自分の年齢でも年収1000万円は軽く超えますし、同世代の友人よりも多くもらえていますね。

【Bさん】私は業務の内容に魅力を感じたからかなあ。入社したのは外資のIT系コンサルで、AI（人工知能）の分野では名前をよく聞く会社です。文系の私がそうした分野に関われるとしたら、ITコンサルしかないな、と。

【Cさん】2人と違って私は3年前に戦略系コンサル会社に転職してきました。英語だけは最低限できたので、何かそれを生かせる仕事はないかと探していたところ、世界的にも有名な企業で募集があったので、迷わず応募しました。

【Dさん】 僕は新卒で会計系のコンサル会社に入って戦略系コンサルをしていたけど、1年前にベンチャー企業に転職しました。1つの会社に縛られないのは魅力だったし、経験を積む中で実際の事業をしてみたいと思うようになった。

【Bさん】 転職してくる人はどんどん増えている。うちの会社は毎月のように新しい人が入ってきて、会議に出たら知らない人だらけ、なんてこともよくある(笑)。

【Cさん】 私も入ってみてびっくりしました。バックグラウンドもさまざまで、お医者さんが転職してきたなんてこともありましたよ。

会計4社をすべて経験?

――やっぱり人材の流動性はかなり高いんですね。

【Bさん】 私の同期はすでに半分くらいが辞めてしまったんじゃないかな。数年に

1回、職務の階層が上がるタイミングが来るんだけど、そこで昇格できなかった人は辞めてしまうことが多いよね。

【Aさん】昇格できなかった人が別のコンサル会社に移るケースも多い。どの会社も人が足りていないので、前職の1つ上の階層で採用してもらえます。当然給料も上乗せされるので、コンサル会社をぐるぐる回ると給料はどんどん上がります。会計ビッグ4をすべて経験し、〝グランドスラム達成〟と言っている人もいるくらい。

【Dさん】僕が辞めるときにも、いろんなコンサル会社から声がかかったなあ。先輩にも話を聞いたけど、とくに羽振りがいいのは、ベイカレント・コンサルティングらしい。20代後半でマネジャー職・年収2000万円を提示された人もいる。自分がいた会社と比べても1・5倍くらい。さすがに驚いた。

――でもそれだけ給料が高いと、激務なのではないでしょうか。

【Cさん】正直、担当するプロジェクト次第。私の場合は18時や19時には帰れることがほとんどです。コロナ禍になってリモートワークも増えたので、楽になった人も多いのではないかなと思います。

【Dさん】プロジェクトが重なると、平均睡眠時間3時間くらいで、土日も働くようなことがザラにあった。海外の案件と日本の案件を同時に抱えていると地獄。昼間は日本の会議、夜中は海外の会議があって、隙間で作業を進めるという感じ。それが数カ月続く。

【Bさん】地方のお客さんはとにかく出張が大変。毎週月曜日に新幹線で関西まで行って、ホテルで生活して、金曜日に東京に戻ってくる。仕事も忙しいけど、移動の時間もすごく取られるんだよね。

働き方改革では回らない

【Aさん】うちは最近働き方にかなりうるさくなった。若手の労働時間には厳しくて、残業もあまりありません。ただ、仕事の量は変わっていないので、シワ寄せがすべて上司に行く。「中堅以上の世代はその働き方に慣れているでしょ」という感じで、上の世代のサービス残業はかなり多そうです。

【Dさん】それは僕が辞めた理由の1つでもあるね。これからはそういう（ハードな）働き方ができない人がマネジャーに昇格していくことになる。それじゃ絶対にプロジェクトが回らないし、コンサル業界全体が抱えている課題だと思う。自分自身、そういう働き方をずっとしたいかといえばノーだった。

――実際に働いてみて入社前の想像と違ったことはありますか。

【Bさん】私はお金の部分で、お客さんがコンサルにかける費用の大きさに驚いた。契約の書類を見たら、私1人を雇うために、私がもらっている給料の10倍近い金額が設定されていて、「何とかプロジェクトを成功させないと」と、とにかくプレッシャーを感じる。

【Aさん】僕は似たような仕事が多くて悩んでいます。上司に気に入られると、その人のプロジェクトに毎回入れられることになるので、必然的にその人の専門分野の仕事ばかりになる。ほかの業種の案件に参加したくても、そこの上司と（相性が）合わなければ評価が下がり、その後の仕事に響くので、怖くてなかなか移れないよ。

【Dさん】戦略の仕事は似た案件が多いよね。前例のない案件の場合はやりがいもあるけど、実際には前例をコピーするような提案ばかり。前例をつくった大企業がコンサルを駆使し、たどり着いた答えだから、当たり前といえば当たり前だけど。お客さんごとのカスタマイズがあっても、すでにある経営計画に合わせるために数字を調整するようなくだらない調整が多い。「僕じゃなくてもできるな」と思いながら仕事していたなあ。

――では今後のキャリアパスはどう考えていますか。

【Cさん】私はできる限り社内で上の職種を目指そうと思っています。

【Bさん】もう少し私も残ろうかなと。これまでは手を動かす兵隊だったけど、もうすぐ昇格のタイミングだから、お客さんに大きな提案ができるようになる。その業務を少し経験してから見極めるつもり。

【Aさん】とにかく稼げるだけ稼いで、体力的にきついなと思ったら、それから考えようと思っています。

【Dさん】みんな一度外の世界を見てみるのもいいと思うよ。人手不足が続いている間は、コンサルにはいつでも戻れるしね。外の経験はコンサルの仕事にも絶対に生きると思う。僕もコンサルに戻る選択肢はいつも頭にある。

（構成・藤原宏成）

東大・京大・早慶生のコンサル人気が沸騰

難関大学の学生にとっての「勝ち組」ルートは、コンサルティング会社に就職すること。実際にコンサル業界への関心はかなり高い。

社員口コミ・転職就職サイトのオープンワークが2023年卒生（現大学4年生、大学院2年生）の企業の検索動向などから集計した、「23卒就活生が選ぶ就職注目企業ランキング【大学別編】」によると、東京大学や京都大学、早稲田大学・慶応大学のランキングではコンサル会社が軒並み上位だ。

◆ **東大・京大・早慶生も憧れはコンサルファーム** —難関大学の学生が注目する企業ランキング—

東京大学（23年卒生）

順位	企業名
1	野村総合研究所
2	アクセンチュア
3	ソニーグループ
4	PwCコンサルティング
5	デロイト トーマツ コンサルティング
6	NTTデータ
〃	マッキンゼー・アンド・カンパニー
8	三菱商事
9	日立製作所
10	富士フイルム
11	アビームコンサルティング
12	旭化成
13	日本アイ・ビー・エム
〃	楽天グループ
15	クニエ
16	ゴールドマン・サックス
17	キーエンス
18	三菱地所
19	ベイカレント・コンサルティング
〃	ボストン コンサルティング グループ
〃	EYストラテジー・アンド・コンサルティング

京都大学（23年卒生）

順位	企業名
1	野村総合研究所
2	アクセンチュア
3	ソニーグループ
4	NTTデータ
5	関西電力
6	富士フイルム
7	日立製作所
8	東海旅客鉄道（JR東海）
9	トヨタ自動車
〃	PwCコンサルティング
11	旭化成
12	サントリーホールディングス
13	パナソニック
14	三井住友銀行
15	三菱地所
16	キーエンス
17	島津製作所
18	アビームコンサルティング
19	三井不動産
20	富士通

早稲田大学・慶応大学（23年卒生）

順位	企業名
1	アクセンチュア
2	NTTデータ
3	野村総合研究所
4	PwCコンサルティング
5	ソニーグループ
6	東京海上日動火災保険
7	富士通
8	アビームコンサルティング
9	デロイト トーマツ コンサルティング
10	ベイカレント・コンサルティング
11	三菱UFJ銀行
12	三菱地所
13	日立製作所
14	三菱商事
15	三井住友銀行
16	日本アイ・ビー・エム
17	三井不動産
18	キーエンス
19	楽天グループ
20	サイバーエージェント

（注）データは2022年3月6日時点。対象はOpenWork（オープンワーク）の23年卒ユーザーで、東大生2486人・京大生1704人・早大生4783人・慶大生4013人。コンサルティング会社は赤字で表記　（出所）OpenWork

この背景には待遇もあるが、難関大の学生の間で広がっている〝ファーストキャリア〟重視の考え方がある。終身雇用が事実上崩壊する中、今後の転職に備えて、キャリアアップに有利な1社目選びが最重要になっているのだ。

オープンワークの堀本修平執行役員は「ファーストキャリアにふさわしい1社目を考えた際、汎用性の高いスキルや経験が得られるコンサル会社は、就活生にとって非常に魅力的となった」と分析する。また優秀な人間に囲まれることで、無駄なく早く成長できるという、計算高いメリットもあるようだ。

（宇都宮　徹）

トップは30代前半で2000万円台

コンサルの平均年収ランキング

コンサル業界では給料などの待遇はかなり高いといわれる。では実際にどの程度なのか。

ここでは上場企業の中から、経営コンサルやITコンサル、システムインテグレーター（SI）といったITシステムを手がける企業に絞り、平均年収ランキングを作成した。対象は60社だが、そのうち上位50社を紹介する。主に単体決算である。

◆ トップはM&A仲介に強いコンサル

―上場コンサル・SI企業の平均年収ランキング―

順位	証券コード	社名	平均年収(万円)	平均年齢(歳)	従業員数(人)
1	6080	M&Aキャピタルパートナーズ	2,688	32.2	150
2	6196	ストライク	1,432	35.3	191
3	7038	フロンティア・マネジメント	1,233	38.0	256
4	4307	野村総合研究所	1,232	40.6	6,488
5	2127	日本M&AセンターHD	1,202	34.0	788
6	6532	ベイカレント・コンサルティング	1,106	32.6	2,638
7	6088	シグマクシス・HD	1,092	44.7	73
8	4310	ドリームインキュベータ	1,086	36.1	96
9	2391	プラネット	998	46.1	44
10	4739	伊藤忠テクノソリューションズ	941	40.8	4,597
11	8157	都築電気	888	43.7	1,335
12	3798	ULSグループ※	886	40.2	340
13	9889	JBCCHD	881	43.9	19
14	7518	ネットワンシステムズ	869	39.8	2,245
15	9613	NTTデータ	852	39.0	12,351
16	2327	日鉄ソリューションズ	844	40.0	3,350
17	4792	山田コンサルティンググループ	825	37.3	732
18	8056	BIPROGY	810	46.1	4,451
19	4722	フューチャー	793	34.0	392
20	3762	テクマトリックス	783	37.8	511
21	4170	Kaizen Platform	766	37.6	63
22	9719	SCSK	752	43.7	8,462
23	7367	セルム	743	37.7	124
24	4394	エクスモーション	733	41.1	65
25	7076	名南M&A	727	38.1	40
26	8096	兼松エレクトロニクス	722	39.8	439
27	7360	オンデック	720	35.7	38
28	7033	マネジメントソリューションズ	717	37.1	472
29	4270	BeeX	711	40.0	125
〃	9644	タナベコンサルティンググループ	711	38.8	388
31	4434	サーバーワークス	689	36.2	189
32	2170	リンクアンドモチベーション	671	31.7	376
〃	9757	船井総研HD※	671	30.5	802
34	8023	大興電子通信	665	44.9	726
35	3753	フライトHD	664	38.9	8
〃	7318	セレンディップ・HD	664	39.9	29
37	3316	東京日産コンピュータシステム	655	40.8	149
38	7049	識学	648	36.4	186
39	7034	プロレド・パートナーズ	646	32.2	204
40	3719	ジェクシード	626	42.1	34
41	3996	サインポスト	625	36.2	152
42	7095	Macbee Planet	611	34.0	53
43	7046	TDSE	595	35.4	114
44	4053	Sun Asterisk	592	33.5	172
45	4486	ユナイトアンドグロウ	586	36.0	190
46	3847	パシフィックシステム	579	41.8	479
47	6560	エル・ティー・エス	577	34.4	282
48	9211	エフ・コード	566	34.4	26
49	2488	JTP	558	36.7	400
50	9246	プロジェクトカンパニー	549	27.3	64

(注)上場企業のうち東洋経済業種(細分類)が「経営コンサル」「ITコンサル」「ITインフラ構築」「商社系ITインフラ構築」の最新平均年収を収録。原則単体の数字で、※は子会社の数字。HDはホールディングスの略　(出所)「会社四季報」2022年秋号

首位はM&Aキャピタルパートナーズだ。中堅・中小企業向けにM&A仲介やコンサルを展開する独立系企業である。平均年収の2688万円は上場企業の中でも最上位。一方で平均年齢は32・2歳と若い。金融機関の営業でもトップクラスが転職するケースが少なくないという。

2位のストライクも中小企業の事業承継など、M&A仲介を手がけるコンサル会社。平均年収は1432万円に達する。3位のフロンティア・マネジメント（平均年収1233万円）は、大西正一郎氏ほか産業再生機構の出身者が中心となって設立した経営コンサル会社だ。

4位の野村総合研究所（同1232万円）は、野村証券系SIで、コンサルやシステム開発を一手に担う。

以下、5位日本M&AセンターHD（1202万円）、6位ベイカレント・コンサルティング（1106万円）、7位シグマクシス・HD（1092万円）、8位ドリームインキュベータ（1086万円）までが平均年収1000万円を超える。平均年齢も30代が多い。

（宇都宮　徹）

「〝デザイン力〟を高める　働き方改革が転換点」

アクセンチュア日本法人　社長・江川昌史

――ここまで成長を遂げた要因はどこにありますか。

２０１５年４月に社長就任の打診が来たとき、社内は激しい働き方をしていた。そこで取り組んだのが今も続く独自の働き方改革「プロジェクトプライド」。残業時間を減らし、ハラスメントを撲滅し、女性や外国人が働きやすい会社にした。１年もすると、いい人材が入り、女性比率も上がった。

かつては〝左脳集団〟で、論理が勝つ世界だった。しかし、デジタル分野を進めるにはクリエーティブやエンジニアなど多様な人材が必要で、そうした人に選ばれる会社にしなければ成長はない。

――上流から下流まで社内で完結する体制を築いています。

戦略コンサルの目線を理解するＩＴの人は少ないし、戦略コンサルもＩＴの現場を理解できる人は少ない。間をつなぐ人が要るし、すべてやろうと思ったら、１つの器の中にいないとできない。歴史的に戦略コンサルが偉いという雰囲気があったが、チームとして同列に扱うように処遇して、意識改革も進めてきた。

アクセンチュア全体で、日本の存在感は圧倒的に上がっている。国別の売上高ランキングも就任当初の７位から２位まで上がった。今では日本で進めてきた手法を諸外国でまねしている状況だ。

――M&Aにも積極的です。

ＩｏＴ（モノのインターネット）化のエンジニアリングなど、まだ不足しているスキルもあるし、頭数も要る。ＤＸにはＷｅｂデザインやマーケティングなど３０種類ほどの人材が必要で、ＩＴを含めると１００種類は要る。アクセンチュアが全部得意というわけではない。伸びている分野も含めてＭ＆Ａで補う。国内でもいい会社があれば喜んで一緒になりたい。

M&Aの話はよく来る

M&A後の統合プロセスもうまくいっている。(2021年10月に吸収合併した)IMJは、私自身も時間をそうとう使った。顧客にも提供している統合プロセス支援サービスを駆使したことも大きい。

「買収されたい」「パートナーグループに入れないか」という話はよく来る。顧客からジョイントベンチャーを立ち上げられないかといった相談もある。アクセンチュアのブランドでデジタル人材を採用できるし、リスキリング(学び直し)も進められるからだ。

――就任時に美大を訪問するなどアート人材に着目していました。

アート人材は重要。クリエーティブに強い人がいないと、顧客にちゃんとしたサービスを提供できない。DXやイメージチェンジを進めるにしても、メッセージを発信する人材が必要になる。美大や芸大を回り「怪しい会社じゃありません」と説明していった。

芸術系の大学は一般的に就職が難しいといわれるが、それは人材の無駄遣い。アクセンチュアに来れば活躍できる場がある。

サービスはデザインが決め手で、アップル製品を見ても複雑な機能がない。サービスをつくる際もデザインセンスが重要で成功確率も違ってくる。

（聞き手・宇都宮　徹）

江川昌史（えがわ・あつし）

1965年生まれ。89年慶応大学商学部卒業。同年アクセンチュア入社。多岐にわたる顧客のプロジェクトを指揮。2000年にパートナー就任。08年執行役員 製造・流通本部 統括本部長、14年副社長を経て、15年9月より現職。20年からは日本市場の総責任者としてグローバル経営委員会にも参画。

「人材育成に膨大な熱量　デジタル組織も発足」

ボストン コンサルティング グループ（ＢＣＧ）日本代表・秋池玲子

―近年は国内で拠点を増やすなど組織を拡大しています。

東京や名古屋に加えて、２０２０年に京都、大阪、２２年４月には福岡でオフィスを開設した。もともと東京は世界で２番目に開設したオフィスで、グローバルにおける日本のプレゼンスは今も高い。拠点の拡大に合わせ、スタッフも約１０００人に増加した。

注力しているのはやはりデジタル領域。ＡＩ（人工知能）人材やデータサイエンティストなどの専門家集団「デジタルＢＣＧ」を１８年に発足させた。デジタルの活用は経営と一体不可分だ。クライアントの経営課題について先進のデジタルケイパビリティー（能力）で根本的な解決策を提案する。

――マッキンゼーやアクセンチュアなど、ほかのコンサルと比べ、ＢＣＧの強みはどこにありますか。

他社との比較より、ＢＣＧはこうだという観点で言うと、理念や戦略をつくるだけでなく、実行して実現することに当社の強みがある。定量・定性分析に基づく強靭な戦略をつくるのはもちろん、実行態勢や人材育成も含め、これならと納得できる道筋を明らかにし、実行・実現まで伴走する。そうした中で力を入れているのは、企業の脱炭素への取り組みなど、気候変動、サステナビリティー（持続可能性）領域での支援だ。

――実行力・実現力を生み出す組織の特徴はどこにありますか。

今でこそ組織における多様性が重視されているが、１９６３年の創業時から「多様性からの連帯」を掲げている。性別や国籍だけでなく、専門性も含めた多様なバックグラウンドを持った人が集まり、チームとなることで、初めて最善の戦略を導き出せる。

多様性の価値観を大事に

加えて社内におけるアントレプレナーシップ（起業家精神）も大切にしている。顧客の課題解決のためにチャレンジできる人材を、年次やキャリアにかかわらず尊重し合う組織文化がある。

人材育成には膨大なエネルギーをかけている。重視するのは個人の持つポテンシャルを最大限に解放することだ。研修はもちろん、日々の業務の中でスタッフ同士が学び合い、育て合いながら、互いに成長を促している。多様性という価値観がそうしたフラットな環境を支えている。

――コンサルタントの採用はどのように行っているのですか。今後必要とされるコンサル像とは。

採用は新卒・中途の区分を設けず、通年で鋭意実施している。時々のテーマに応じ、専門人材を採用しているが、それだけにとらわれていない。人はつねに成長し社会課題も刻々と変化するからだ。

コンサルタントはクライアントにとっての根源的な悩みを追究し理解することに尽きる。対話しながら相手が求めていることを理解し、相手にとって何が最善なのかを考え抜く。そして、最新の知見とこれまでの経験を掛け合わせながら、悩みに解答を生み出していく。それが今も昔も普遍的に求められるコンサルタント像だ。

（聞き手・堀尾大悟）

秋池玲子（あきいけ・れいこ）

1964年生まれ。早稲田大学理工学部応用化学科卒業、早稲田大学大学院理工学研究科修士課程修了。キリンビールやマッキンゼー・アンド・カンパニー、産業再生機構等を経て、2006年ボストン コンサルティング グループ入社。政府の審議会委員や経済同友会副代表幹事を務める。

EY、コンサル分離の「激震」

「本当に独立性が担保されているのか懸念が生じているのも事実だ」。EY Japanの貴田守亮チェアパーソンは強調した。EY（アーンスト・アンド・ヤング）は会計ビッグ4の一角で、日本事業を統括しているのがEY Japanである。

監査法人が今、大きく揺れている。EYが2022年9月に発表した組織再編で監査部門と非監査部門（コンサル、M&A助言、税務）の分離が示されたからだ。

そもそも監査には高い独立性が求められる。利益相反の観点から、顧客企業に対し、同じ監査法人が監査と非監査を提供することは制限される。中立な立場で企業をチェックしなければならない監査事業と、企業を「成長させる」コンサルティングなどの非監査事業は、本来並び立たない。

ただ現状では監査先数が頭打ちなのに比べ、コンサルやM&A助言、ファイナンシャルアドバイザリーなどは伸びている。非監査に収益を依存する構造が、監査法人の監査の質を甘くするのでは、との懸念が指摘されていた。

英国では2018年、建設大手カリリオンが破綻したのを機に、監査法人への批判が噴出。政府が監査と非監査の運営分離を求めた結果、実際に事業を売却したところもある。

他3陣営は当面動かず

今回、EYは各国パートナーによる投票を経て、2023年中に分離が実現する見通しだ。

組織を分離するに当たり、コンサルやM&A助言、税務を担当する新会社は、EYブランドを使わないという。人員も大幅に移動する。新会社はIPO（新規株式公開）などの受け入れも検討。分かれることでITなどの投資もスピード感を持って決定できる。

一方でほかの3陣営は、分離には慎重である。

「監査と非監査の分離はしない」（木村研一・デロイト トーマツ グループCEO）、「監査と非監査の分離は考えられない」（森俊哉・ＫＰＭＧジャパンチェアマン）、「ニーズに応えるのに監査と非監査の区別は関係ない」（木村浩一郎・ＰｗＣ Ｊａｐａｎ代表執行役）。

いずれも監査と非監査には親和性があり、コンサルだけでなく税務やデジタルを含め、顧客の幅広い要求に対応できると説明する。

実はＥＹ分離の背景には、ＧＡＦＡ（グーグル、アップル、フェイスブック〈現メタ〉、アマゾン）の存在があったとされる。ＥＹにとってＧＡＦＡは監査の顧客だから、一体だとＧＡＦＡにコンサルなどのビジネスを提案できない。またＧＡＦＡの買収先にＥＹがコンサルを提供していたら監査と重複してしまう。別会社ならそうした制約から解放されるというわけだ。

一方、新会社がＥＹブランドを使えなかったり、逆に現会社が監査に業務を固定されたりすることで、人材のモチベーション低下が心配される。新卒採用に影響がないともいい切れない。分離にはメリットもデメリットもある。

ＥＹが口火を切った監査・非監査の分離問題。１９８９年のアーサー・アンダーセンのコンサル部門（現アクセンチュア）分離に続く大再編につながるか。世界中が注目している。

（大野和幸）

◆ **激変する世界を前に企業を裏で支える** ―世界4大会計事務所（ビッグ4）の概要―

Deloitte.

デロイト トウシュ トーマツ

業務収入	593億ドル（前期比19.6%増）
人員数	41.5万人
本部	米ニューヨーク
デロイト トーマツ グループ	
業務収入	3129億円（同17.1%増）
うち監査部門	44.3%
人員数	1万7000人
監査法人トーマツ	
業務収入	1388億円（同12.2%増）
公認会計士数	3073人
上場企業監査先数	770社

（注）業績は2022年5月期

KPMG

業務収入	321億ドル（前期比10.0%増）
人員数	23.6万人
本部	英ロンドン
KPMGジャパン	
業務収入	1850億円（同12.6%増）
うち監査部門	46.2%
人員数	9800人
あずさ監査法人	
業務収入	1111億円（同5.5%増）
公認会計士数	2960人
上場企業監査先数	665社

（注）業績はKPMGが2021年9月期、KPMGジャパンとあずさが22年6月期

EY

アーンスト・アンド・ヤング（EY）

業務収入	454億ドル（前期比16.4%増）
人員数	36.5万人
本部	英ロンドン
EY Japan	
業務収入	1736億円（同12.6%増）
うち監査部門	50%超
人員数	1万0300人
EY新日本監査法人	
業務収入	1064億円（同2.3%増）
公認会計士数	2902人
上場企業監査先数	801社

（注）業績は2022年6月期

プライスウォーターハウスクーパース（PwC）

業務収入	503億ドル（前期比11.4%増）
人員数	32.8万人
本部	英ロンドン
PwC Japan	
業務収入	約2279億円（同10.8%増）
うち監査部門	20%以上
人員数	1万0200人
PwCあらた監査法人	
業務収入	565億円（同2.9%増）
公認会計士数	877人
上場企業監査先数	128社

（注）業績は2022年6月期

（出所）各社資料や『会社四季報』2022年秋号を基に東洋経済作成

COLUMN

もう「人的資本」を無視できない

機関投資家が企業業績と同等以上に注目するのが人的資本の開示だ。今後義務化されれば監査法人にとってビジネスチャンスになる。

2022年8月に政府は「人的資本可視化指針」をまとめた。岸田政権肝煎りの「新しい資本主義」の一環で、人材は価値を創造する源泉である「資本」としての性質を有すると指摘。企業に人的資本への投資を増やすよう促している。

人的資本が注目される背景には、無形資産への関心の高まりがある。近年、企業の価値は生産設備のような有形資産の合計では測れない、との認識が広まった。アップルやグーグルが代表例で、顧客基盤や知名度、優秀な従業員などの無形資産が高い時価総額の源泉になっている。

日本でも人的資本について早ければ2023年度にも開示が一部義務化される。有価証券報告書においては、女性管理職比率、男性の育児休業取得率、男女間賃金格差の3項目で、数値の開示が必要になる見通し。人材育成方針や社内環境整備方針なども開示項目になる。

定量的な開示はまだしも、育成や多様性についての考え方など、人的資本開示の記述内容に悩んでいる企業は多い。そうした記述に悩む、企業の相談相手となれれば、監査法人には新たな収益機会になるだろう。

（梅垣勇人）

3大法人は撤退、受け皿は準大手

値上げ要求で増える監査難民

ジャーナリスト・伊藤　歩

4大監査法人の2022年度決算が出そろった。監査法人の多くは3月決算企業の有価証券報告書の監査作業が終わる6月を決算期にしている。4大監査法人ではあずさ、EY新日本、PwCあらたが22年6月期決算で、トーマツのみ22年5月期決算だ。

業務収入（売上高）トップは監査法人トーマツで1388億円。18年5月期にEY新日本を抜き首位に立って以降は5期連続となっている。決算期変更で8カ月の変則決算となった17年5月期も、12カ月に換算すると売上高は最も大きかったので、事実上の6期連続トップだ。

前期比でもトーマツは頭一つ抜けている。あずさが5・5％増、ＰｗＣあらたが2・9％増、ＥＹ新日本が2・3％増だったのに対して、トーマツは１２・２％増と2桁増収を記録した。

そのトーマツに追い抜かれるまで名実ともに首位を守っていたのがＥＹ新日本監査法人だ。東芝の不正会計に絡み、１５年１２月に行政処分されたことで有力監査先の一部が他法人に流出したほか、１７年1月にＩＴ領域の助言業務をグループ会社に移管したのが響いた。１９年6月期にはあずさにも抜かれ、以来、3位が定着している。

もっとも、長期の伸び率では、ＰｗＣあらた監査法人に軍配が上がる。決算情報の開示義務を負う有限責任法人形態へと、4法人すべてが移行し、横の比較が可能になったのは１４年度決算からだ（トーマツのみ１４年9月期、それ以外の3法人は１４年6月期）。

１４年度決算からの売上高の伸び率を見ると、4大監査法人の合計では４１・７％増と4割以上の伸びだが、監査法人ごとのばらつきは大きい。スタート台が低かったせいもあるが、トップはＰｗＣあらたで2倍超。次いで2位がトーマツで６０・４％

増、3位のあずさが37・6%増、4位のEY新日本は10・4%増だった。

非監査を伸ばすトーマツ

4大監査法人の売上高合計は14年度比で4割以上の伸びだが、内訳は監査報酬が28・2%増である一方、コンサルやM&A助言などの非監査報酬は88・1%増とかなり大きい。売上高を大きく押し上げたのは非監査報酬であることがわかる。

これも監査法人ごとに格差が見られる。非監査報酬を比べると、トーマツが14年度比で2・6倍、PwCあらたが2・2倍、あずさが92・9%増であるのに対し、EY新日本は86・5%増と大きく差が開いたように映る。

だが、主たる要因は前述したとおり、IT助言業務のグループ会社移管だ。こちらは会計監査ではないので非監査業務に当たり、2018年6月期にごそっと移った。移管後の19年6月期比では13・8%増。トーマツの69・2%と比べると見劣りするが、あずさの15・5%増、PwCあらたの16・7%増とほぼ互角といえよう。

一方、祖業である監査報酬では、14年度比でトーマツが29・9％増、あずさが26・7％増、EY新日本が16・4％増であるのに対し、PwCあらたが88・3％増と他3法人を圧倒している。

ところが、監査報酬を前期比で見る限り、トーマツが3・5％増、あずさが2・5％増、EY新日本が1・0％増、PwCあらたが0・6％増と、4法人ともに微増にすぎない。その最大の原因は近年加速している、中堅上場会社の監査からの「撤退」なのだ。

業績が悪い企業はいわずもがな、高い技術力を持ち業績が好調であっても、規模が小さく監査報酬が少額の企業は、監査法人にとっては「うまみ」のある契約先とはいえない。監査契約の更新のタイミングで報酬の大幅な値上げを要求し、応じなければ契約を更新しないというのが典型的なパターンである。

更新を拒否される会社側にとっては突然の事態であることが多く、後任の監査法人探しに苦労するケースが後を絶たない。

◆ トーマツの首位は変わらず
—4大監査法人の売上高推移—

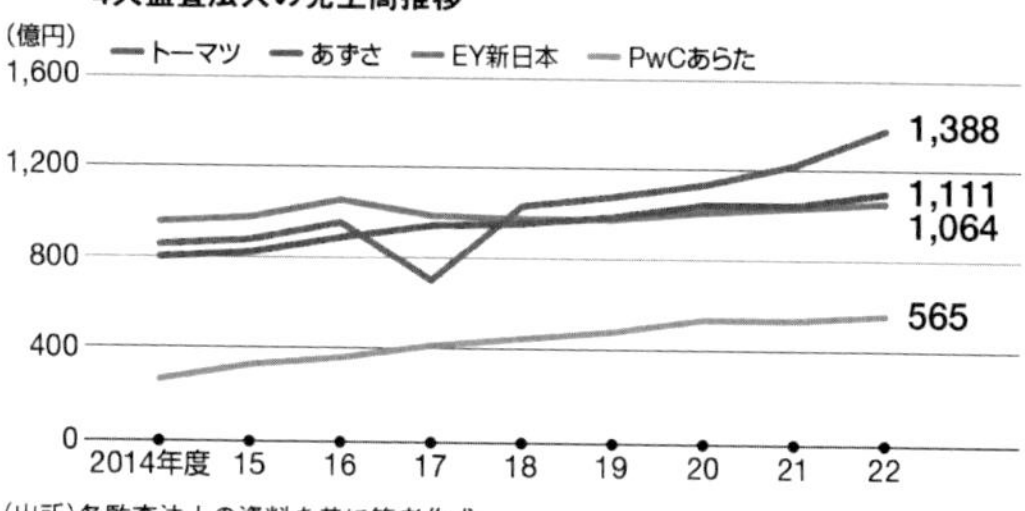

(出所)各監査法人の資料を基に筆者作成

◆ 非監査報酬の伸びが大きい

—4大監査法人合計の監査報酬と非監査報酬の推移—

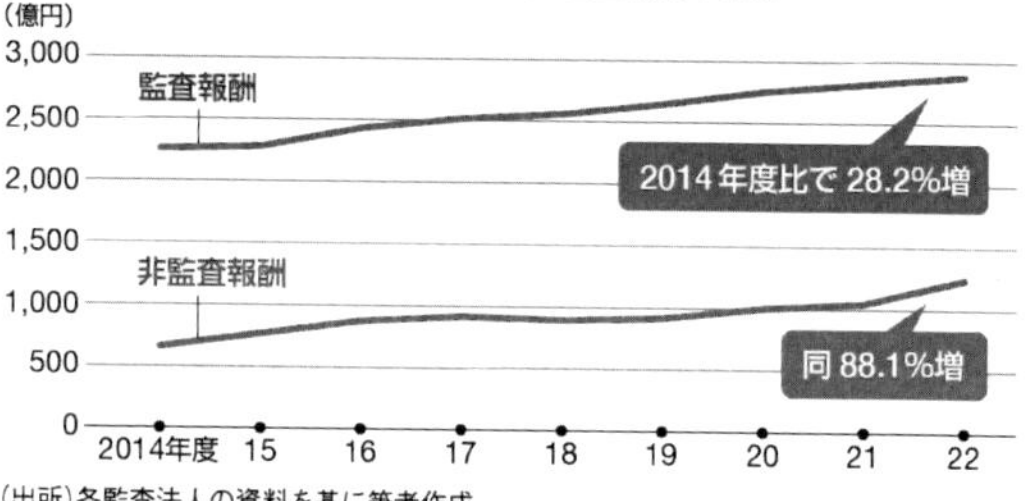

(出所)各監査法人の資料を基に筆者作成

太陽などの準大手が拡大

次の表は、『会社四季報』２２年秋号発売時点で監査法人が何社の上場企業監査先を持ち、２０１８年夏号時点で何社の監査先を持っていたか、増減を集計したものだ。対象は２０社以上の監査先を持つ監査法人に限定している。

◆大手は減り、太陽が上位4社の一角に
―大手監査法人の上場企業監査先数の推移―

監査法人	2018年夏号発売時	22年秋号発売時	増減
EY新日本	889	801	▲88
トーマツ	914	770	▲144
あずさ	721	665	▲56
太陽	145	316	171
PwCあらた	124	128	4
仰星	65	100	35
東陽	88	85	▲3
三優	63	70	7
PwC京都	41	65	24
アーク	40	52	12
ひびき	32	42	10
A&Aパートナーズ	23	32	9
アヴァンティア	21	31	10
RSM清和	14	25	11
東海会計社	11	25	14
アリア	7	23	16
UHY東京	11	20	9

（注）『会社四季報』2018年夏号は同年6月、22年秋号は同年9月発売。▲はマイナス　（出所）『会社四季報』データを基に筆者作成

ＰｗＣあらたはほぼフラットを維持した。旧中央青山から分離する際、少数の優良な大企業を中心に持って出ていった関係から、もともと中小型銘柄の監査先は多くないからなのだろう。

しかし3大法人は大きく減らしている。ＥＹ新日本は88社減、あずさは56社減。とりわけトーマツの場合、4年間で144社減と突出。トーマツは減らし始めた時期も早く、20年秋号時点で18年夏号と比べると66社減。同時点であずさは16社増やした。

3大法人がこれだけ監査先を減らしても、監査報酬プラスを維持できているのは、値上げ効果だと思われる。3大法人が撤退した上場企業の主な受け皿になっているのは、準大手では太陽、仰星、ＰｗＣ京都の3法人である。

中でも太陽監査法人は18年7月、準大手下位の優成との合併効果で52社上乗せしたが、それを除いても119社の増加だ。

3大法人の受け皿は準大手だけでは足りず、アーク、ひびき、Ａ＆Ａパートナーズ、アヴァンティアといった中堅だけでなく、ＲＳＭ清和、東海会計社など、中堅以下の監査法人も大きく伸ばしている。中でもアリアは18年夏号時の7社から23社へと3倍以上に増やしている。そろそろ中堅以下の監査法人もキャパが限界に近づいているのではないのか。

上場企業は監査法人がつかなければ優良企業でも上場廃止に追い込まれてしまう。監査法人は公認会計士法に定めのある特別法人で営利追求の自由は認められている。コストに見合わない報酬しか得られない企業とは契約をしない自由も法的にはある。だが監査は独占業務だ。規模が小さいだけで、優良企業すら監査難民になりかねない現状は、はたして正しい姿なのか。問われるべき時期に来ている。

伊藤　歩（いとう・あゆみ）
1962年生まれ。ノンバンク、外資系銀行、信用調査機関を経て独立。法律と会計の分野で執筆多数。著書に『優良中古マンション　不都合な真実』『最新　弁護士業界大研究』等。

TOP INTERVIEW

「分離しない。幅広さが強み」

デロイト トーマツグループ CEO・木村研一

われわれには監査、コンサルティング、リスクアドバイザリー、ファイナンシャルアドバイザリー、税務の5業務がある。人員数も1万7000人で圧倒的に多く、すべての事業が業界ナンバーワンと自負している。

みんなが自らの専門知識を磨いており、しかも事業領域相互の連携が密だから、大きな案件でも、素早く大規模チームを構成して対応することができる。システム導入などにとどまらず、本当の意味でクライアントの構造改革に挑んだり、果ては産業構造そのものを変革したりもできるわけだ。

グループの総合的なマネジメント力が発現した例として、北海道の工業都市・苫小牧市がある。二酸化炭素を分離・回収、燃料などに再利用し、大気中への排出を抑制するカーボンリサイクルプロジェクトだ。同じく室蘭市では水素を利活用したカーボンニュートラルな街づくりを進めている。

宮城県の気仙沼市では、東日本大震災で存続の危機だった造船4社の統合から、資金調達や団地移転まで支援し、新会社「みらい造船」を設立。売り上げも100億円規模になった。現地で一緒に汗をかくうちのモットーが発揮されたから成功したと思う。

(EYのような)監査と非監査の分離はしない。それぞれが現場で幅広い体験を積めるのが強みだ。監査業務にせよ、ただ数字的な監査だけしていたのでは、質の高い監査を継続的に提供するのは難しい。われわれは世界最大の非上場会社。上場するほかの米国系の子会社とは違い、日本のマーケットに合わせて日本で決めている。

木村研一(きむら・けんいち)

1968年生まれ。立教大学経済学部卒業後、91年監査法人トーマツ入所、2000年再入所。デロイト トーマツ サイバー代表執行者を経て、22年6月より現職。

「監査・非監査があるからいい」

KPMGジャパンチェアマン／あずさ監査法人理事長・森　俊哉

監査と非監査を分離することは正直考えられない。今の監査業務は公認会計士だけでは終わらないからだ。例えば減損するのにも、バリュエーション（企業価値評価）のスペシャリストがいないと、判断できない。税務や年金のスペシャリストもいないと監査の質を高められない。

それぞれの領域で最先端の知識や実務に精通している人がチームの一員となって監査に臨む。監査法人で監査だけに対応していたのでは最先端でなくなってしまう。逆にアドバイザリー業務では、企業のCFO（最高財務責任者）クラスに会うことが多く、会計の深い知見を備えた監査部門の人間を同行させると、とても力強い。

今、われわれが注力している分野の1つは、サステナビリティートランスフォーメーション（SX）。企業の稼ぐ力の強化と、社会の持続可能性への取り組みを融合し、企業の中長期的な価値向上を目指す試みである。もう15年前から始めていて、日本では間違いなく先行している。

サイバーも非常に重要な領域だ。日本に人材がなかなかいないので、米国やイスラエルのファームと情報交換し、インドのファームとは実務もやらせてもらっている。企業だけでなく、鉄道や上水道といったインフラもそうだし、これから先は防衛分野などもアドバイスできればと思う。

法律事務所の畑には手を出さない。会計ビッグ4がやっても強くなれる領域ではないので。うちにはなくても、トップの法律事務所と組んでやるほうが、質のいいサービスを提供できる。

森　俊哉（もり・としや）

1961年生まれ。早稲田大学法学部卒業後、86年港監査法人入所。90年米KPMG赴任。2004年あずさ監査法人代表社員等を経て、18年10月チェアマン就任。

「新会社はEYの冠を使わず」

EY Japanチェアパーソン兼CEO・貴田守亮

現在は監査と非監査の両面で展開している。非監査サービスを提供している企業に対しては、われわれが監査サービスを行っていないか、徹底的に確認をしている。が、ビッグ4でコンサルなど非監査が大きくなり、本当に独立性が担保されているか、懸念が生じているのも事実だ。

そこで、これからも社会やクライアントの信頼を得るためにふさわしい事業体制のあり方について、パートナー（出資者）やメンバーとともに徹底的な議論を進める。方向性としては監査部門と非監査部門を分離して別会社化する見込みだが、決まるのは早くて2023年末だろう。従来の監査会社は高品質な監査を継続していく。

一方で、新たにできる非監査会社は、企業の戦略をダイナミックに支援するため、今まで以上にデータやテクノロジーを活用し、（ＩＰＯなど）外部からの出資も募る。われわれはコンサルなどで、ほかのビッグ4よりも後発だが、競合への売却はしない。

ＥＹという名前とブランドは監査会社が引き継ぎ、非監査会社はまったく違う名前になる。規模的には6対4くらい。採用も別だし、人事交流についても、独立性の点から明確に「できる」とは言えない。その分、ＩＴ投資は外部資本を含め金額が増えるし、分離するから集中的に投資できる。

ただし、われわれが掲げる「より良い社会の構築を目指して」というパーパス（存在意義）は、ＤＮＡとして両方の会社に受け継がれる。資本市場での信頼を確保するとともに、健全で持続可能な経済成長に寄与していきたい。

貴田守亮（きだ・もりあき）

米カリフォルニア州立大学サンフランシスコ校経営科学修士号取得後、１９９6年ＥＹ入社。米国公認会計士登録。パートナーやジャパンリージョナルＣＯＯ等を経て、２０２1年7月より現職。

「コンサルの知見は不可欠だ」

PwC Japan代表執行役兼グループ代表・木村浩一郎

クライアントのニーズに応えるには、監査と非監査の区別は関係ない。われわれは歴史が浅い分、グループが結束しなければ勝てないという意識が強く、風通しがいいのが特長だ。

独立性の観点から、監査業務を提供しているクライアントにはコンサルなどの非監査業務を提供できないが、それでも監査部門と非監査部門をグループで両立させるメリットは大きい。今や監査にもコンサル的な専門知識が欠かせないし、コンサルにもリスクやガバナンスといった監査的な視点が必要になっているからである。

そのために人材のリスキリング（学び直し）に注力している。当初はデジタルリテラシーの底上げから始めたが、高度なデジタル技術の習得まで進め、現場で活用できる人材に育てていく。
リスキリングによって新たな知見を身に付ければ、グループ内部での異動も自在になり、それがグループでの正しい役割分担を促し、組織の生産性向上にもつながる。要はクライアントから見たとき、価値あるプロフェッショナル人材がどれだけそろっているか、問われているのだと思う。
DX（デジタルトランスフォーメーション）に関するコンサルのニーズは根強い。（富士通といった）IT企業がDX企業に変わるため、パーパスから見直して戦略、現場への落とし込みまで、関わらせていただいている。ほかにも、京都府から委託されたサプライチェーンの脱炭素化支援など、面白いプロジェクトがたくさんある。われわれも中期で10%以上の成長を継続していきたい。

（聞き手・加藤光彦／4者とも）

木村浩一郎（きむら・こういちろう）
1963年生まれ。早稲田大学政治経済学部卒業後、86年青山監査法人入所。あらた監査法人の執行役や代表執行役等を経て、2016年7月より現職。

首位西村あさひ、追うＴＭＩ

弁護士業界では現在、５大法律事務所（西村あさひ、ＴＭＩ総合、アンダーソン・毛利・友常、森・濱田松本、長島・大野・常松）が大きな勢力である。合併を繰り返して今の姿になった。

核となる事務所はおおむね１９７０年代初頭までに誕生。再編史では合併に加え分裂も多い。中でも西村あさひのルーツである西村法律事務所は、５大事務所のうち３事務所の源流だ。ＴＭＩや、アンダーソン・毛利・友常の前身である友常木村も、西村から分裂した事務所が源になっている。

ちなみに森・濱田松本の前身である濱田松本は、アンダーソン・毛利・ラビノウィッツから分裂した事務所が源流である。

2000年代前半に進んだ再編では、当時の3大事務所（西村総合、森綜合、長島・大野）が、知的財産や倒産法など専門領域に特化した事務所を統合し、大企業向けにほとんどの法務ニーズに対応できる体制を整えた。再編劇は2007年で一服。その後は各事務所が所属弁護士数を増やし、業務を拡大する動きが定着している。

—大手法律事務所の設立と変遷—

5大事務所に収斂後、再編は一段落

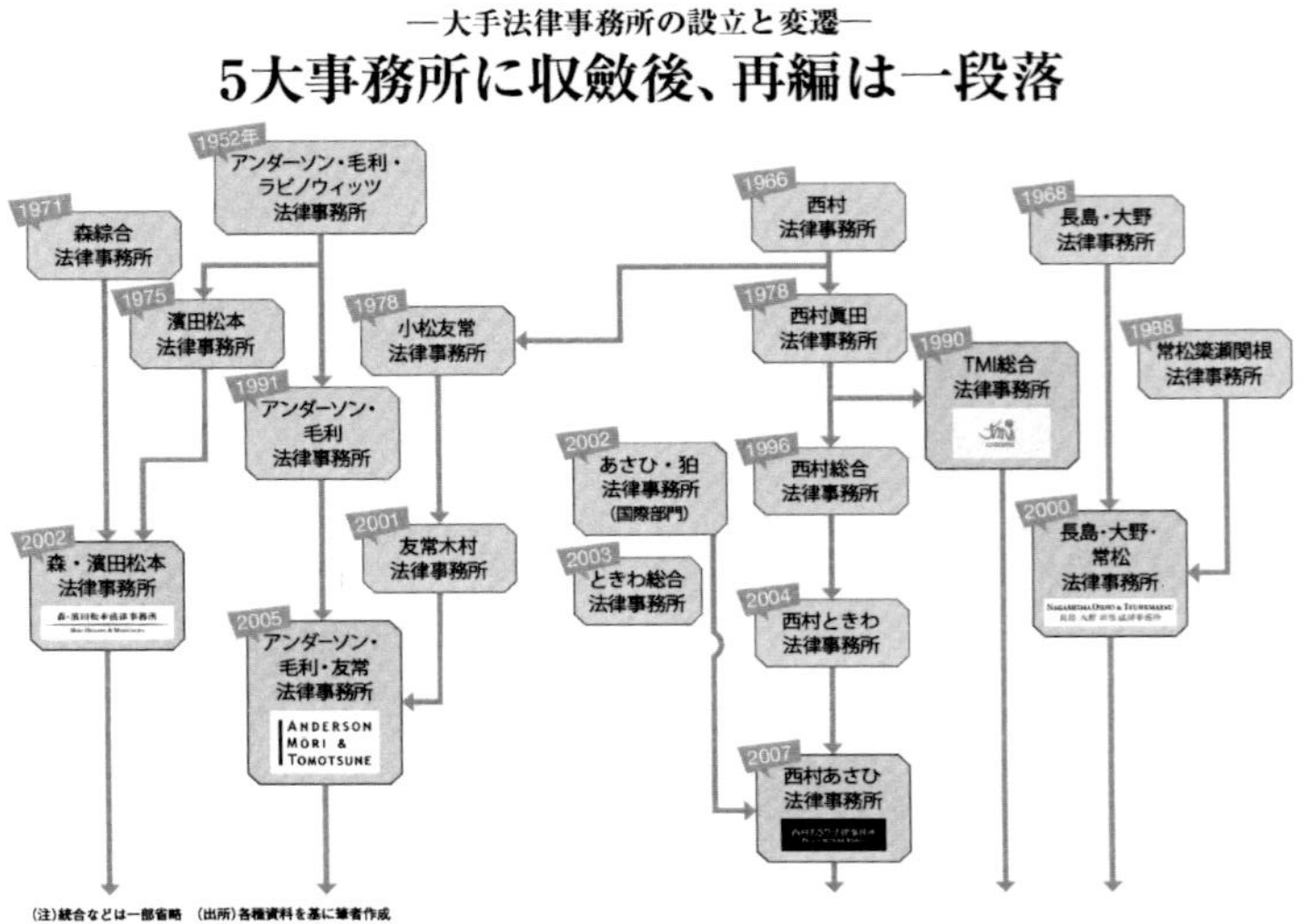

（注）統合などは一部省略　（出所）各種資料を基に筆者作成

弁護士の業務は労働集約型であるゆえ、規模は所属弁護士数を基準とするのが一般的である。

つねにトップを守り続ける西村あさひは例外で、残る4事務所は近年順位が変動している。台風の目は最後発で4年前まで5位だったTMIだ。直近では西村あさひに次ぐ2位に急上昇した。

一方、2006年の最高裁判所判決を機に市場が発生した、過払い金返還請求の特需は新興勢力を生んだ。

代表格がベリーベストとアディーレ。大量に雇用した若手の弁護士を全国津々浦々に配備し、集客にはコールセンターを使う。債務整理のほか、交通事故やB型肝炎訴訟など、弁護士と無縁だった個人のニーズを掘り起こした。

司法試験合格者数が年1400人台に抑制される中、5大事務所と2大新興事務所だけで司法修習終了者の2割以上を毎年採用している。弁護士を採用したい、中小法律事務所や企業、自治体は、深刻な採用難に陥っているのが実態だ。

(ジャーナリスト・伊藤　歩)

非弁行為に当たるか法務省が判断

リーガルテックは適法か否か

法律関連の煩雑な業務についてＩＴやＡＩ（人工知能）を使って効率化を図る「リーガルテック」が注目されている。中でもＡＩが契約書の条文に抜けがないかチェックする「ＡＩ契約レビューサービス」への需要が拡大。しかしそのサービスに対し、暗雲が垂れ込めている。

２０２２年１０月１４日、法務省がＡＩ契約レビューサービスについて「違法の可能性がある」と、再びグレーの判定を出した。

公表されたのは、グレーゾーン解消制度を使った、弁護士ドットコムによる照会への回答だ。同社が参入を企図しているサービスが、非弁行為を禁じる弁護士法７２条に抵触しないか聞いている。

グレーゾーン解消制度は、産業競争力強化法に基づき、新たな事業計画が適法かどうか事前に関係省庁に確認できる制度。「再び」とは、6月6日に別の事業者の照会に対し、法務省はクロに近いグレー判定を下しているからだ。

AI契約レビューサービスは、チェック方法が事業者によって異なる。サービス提供者が作成したレビュー方針に基づいてチェックするものもあれば、ユーザーが持つ過去の契約書や雛型と比較してチェックするものもある。リスクの有無や解説、修正事例まで出るものもある。

都内で小規模事務所を経営する弁護士は「弁護士の基本業務である契約書のチェックには、過去の判例や法律家の論文などを参照する作業が伴う。AI契約レビューサービスを使うと、アシスタントを雇用するより安いコストで瞬時にそろう」と語る。

一方でこの弁護士は「以前から弁護士会内部では、弁護士法72条に抵触する可能性を指摘する声が出ていたのは事実」と指摘する。

弁護士法72条は、①弁護士もしくは弁護士法人ではない者が、②報酬を得る目的で、③訴訟事件や一般の法律事件に関して、④鑑定、代理や仲裁、和解などの法律事務を、⑤業として行うことを禁止している。①～⑤すべてに該当すると違反になる。

②と⑤は当然該当し、事業者の大半は株式会社なので①も該当する。代表が弁護士かどうかは関係ない。見解の違いは、レビュー対象の契約書が③に、サービスが④の「鑑定」に該当するかどうかだ。

詳細な照会を試みる

弁護士ドットコムは、72条に抵触しないラインを探り当てることを目的に、より具体的に想定しうる4通りのサービス提供方法を用意。さらにそれぞれ4つの付帯条件も用意し、計20通りの照会をかけた。その結果が次表だ。

◆ **サービスの多くは「違法の可能性」の判定**
—弁護士ドットコムの照会に対する政府の見解—

仮称		比較対象	サービス内容	付帯条件	判定
(1)	AIレビュー型	サービス提供者のレビュー方針	・リスク判定 ・解説 ・修正例	なし	×
				個別具体性、事件性ともにない(低い)契約書	×
				無償提供	△
				法曹有資格者のみの利用	○
				社内弁護士の監督下で法曹無資格者の利用	×
(2)	AIレビュー型 機能制限版		・機械的な突合	なし	×
				個別具体性、事件性ともにない(低い)契約書	×
				無償提供	△
				法曹有資格者のみの利用	○
				社内弁護士の監督下で法曹無資格者の利用	×
(3)	自社雛型 参照型	サービス利用者の自社雛型	・リスク判定または類似度判定 ・解説 ・サービス利用者のチェック基準で、機械的な差分をチェック	なし	×
				個別具体性、事件性ともにない(低い)契約書	×
				無償提供	△
				法曹有資格者のみの利用	○
				社内弁護士の監督下で法曹無資格者の利用	×
(4)	自社雛型 参照型 機能制限版		・サービス利用者のチェック基準で、機械的な差分をチェック	なし	○
				個別具体性、事件性ともにない(低い)契約書	○
				無償提供	○
				法曹有資格者のみの利用	○
				社内弁護士の監督下で法曹無資格者の利用	○

(注)○=適法、△=適法か違法か不明、×=違法の可能性あり
(出所)10月14日付法務省回答を基に筆者作成

（1）は、利用者がレビューしたい契約書案をAIに読み込ませると、あらかじめ用意されたレビュー方針との違いを洗い出し、リスクの有無を判定、その解説や修正事例まで表示する。

（2）は、（1）の機能のうち、レビュー方針と違う点を、違うという事実だけ表示する。

（3）は、比較する対象が、利用者が過去に作成している自社雛型で、チェック基準も利用者の自社雛型を参考に、リスクの有無を判定し、解説を表示する。

（4）は、（5）のうちリスクの有無も判定しないし、解説も表示されず、単純に過去に利用者が作った自社雛型との違いを字面だけで抽出して表示する。

表中の×印については、法務省の文言は「違反の可能性がある」「可能性がないとはいえない」という微妙な表現になっているが、シロとは言っていないので、クロ判定としている。

72条の③（法律事件）は契約類型に関係なく背後の個別事情次第だからクロ、④（法律事務）の鑑定については、4パターンのうち、（4）のみがシロ。リスク判定や解説がつくとクロとの見解だ。（2）はリスク判定や解説はないが、事実の指摘が法的効果を前提とした行為でクロとなる。

付帯条件を加味した判断では、いずれも提供先が弁護士や弁護士法人なら補助的ツールという位置づけでシロになるが、企業などに提供する場合は、社内弁護士の監督下であってもクロ。無償提供でも法務省の回答文書を読むとクロの印象だが、弁護士ドットコムの元榮太一郎代表は、「無償といいながら、実は有償のサービスと事実上抱き合わせ、というケースを想定した回答。無償提供をする際に利用者にメールアドレスを登録させ、別サービスの告知に使うなど無償のあり方を特定すれば、シロ判定を勝ち取れる感触を得ている」と語る。表中では△とした。

今回、弁護士ドットコムが照会した4つのサービス形態は、外形的にはリーガルフォースやジーヴァテック（GVATECH）、リセ、フレイム（FRAIM）といった、リーガルテック事業者が提供する既存サービスと酷似している。

それゆえに今回の照会を競合潰しとみる声も一部から出ているが、元榮代表は、「本意ではない。コンプライアンス（法令順守）の徹底が求められる上場企業として、解釈があいまいな領域は制度を使って明確にすべきだと考えた。公表することでオープンで活発な議論につながれば有益だ」と説明する。

今回の照会結果によって既存のサービスがクロ判定を受けたということにはならない。グレーゾーン制度の評価対象は、申請した会社の事業計画で、他社の事業は対象外だからだ。今回の判定結果が、既存サービスのユーザーの行動に何らかの影響を与えた形跡も、今のところ見当たらない。

海外に目を向ければ、「米国では弁護士会規則によってＡＩ契約レビューサービスは厳しい規制を受けている。（1）のようなフルスペック型のサービスを提供する米企業はないと認識している」（元榮代表）という。

弁護士ドットコムは、クラウドサイン（電子契約サービス）にリスク検出機能を追加するケースも照会しているが、クロ判定が出ている。ＡＩ契約レビューだけでなく、リーガルテック全体の議論が必要ということだろう。

弁護士法72条は、法律の素人が法律行為を行うことで国民が被害を受けることがないようにする、つまり国民を守ることを目的にしている。想定する加害者は反社会的勢力など「人」であって、ＡＩの登場は想定していない。

イノベーションを阻害せず、法本来の目的も損なわないためにはどうあるべきか。何を変え、何を残すべきか、社会全体で議論するときが来ているのは間違いない。

（ジャーナリスト・伊藤　歩）

【弁護士が選ぶ】弁護士ランキング

「医者と弁護士は選べ」とよくいわれる。人によって当たり外れが激しいためだが、定量的な物差しがなく、実際に選ぶことが難しいのも事実だ。

今回、国内最大級の法律相談ポータルサイト「弁護士ドットコム」（月間サイト訪問者数1244万人、2022年6月）の協力の下、「弁護士が選ぶ弁護士」ランキングと「法務部員が選ぶ弁護士」ランキング（後述）をお届けする。

調査は弁護士ドットコムに登録する弁護士や法務部員にアンケートを実施。（回答者数：550人、調査時期：2022年9月）5分野で票数の多い順に並べている。「弁護士が選ぶ弁護士」で掲げたのは、刑事事件、労働問題、消費者・金銭、家族問題、ネット・SNSの5つだ。

結果、刑事事件でトップに立ったのは、神山啓史弁護士。東京電力ＯＬ殺人事件や足利事件、名張毒ぶどう酒事件などで、弁護人を務めたのは有名である。東電の事件では逮捕されたネパール人男性の再審無罪を勝ち取った。

労働問題の1位は指宿昭一弁護士である。労働者の人権問題に強く、外国人研修生を初めて労働者と認めさせた、三和サービス事件などで勝訴判決を得ている。

消費者・金銭の首位は、紀藤正樹弁護士だ。最近では旧統一教会問題で連日のようにテレビに出演。過去にもオウム真理教による被害者救済などに奔走してきた。全国霊感商法対策弁護士連絡会でも活動している。

家族問題では森元みのり弁護士がトップになった。ＤＶ（ドメスティックバイオレンス）や親子問題など家事事件全般に精通する。

ネット・ＳＮＳは清水陽平弁護士。ネット中傷の排除や発信者情報の開示請求に取り組んでいる。ネットでの誹謗中傷に詳しく、ツイッターへの情報開示請求を初めて認めさせたのでも有名だ。

【刑事事件】

【1位】神山啓史弁護士（桜丘法律事務所）　141票

「冤罪は無実の人には最悪の人権侵害」と訴える。1997年の東京電力ＯＬ殺人事件では、逮捕・起訴されたネパール人男性の弁護人となり、再審請求が認められ無罪が確定した。中央大学法学部卒業。司法修習35期。

【2位】弘中惇一郎弁護士（法律事務所ヒロナカ）　96票

いくつもの著名事件で活躍。無罪請負人とも称される。Ｃ・ゴーン氏の弁護人も務めた。司法修習22期。

【3位】高野隆弁護士（高野隆法律事務所）　87票

〝三大刑事弁護人〟の1人で黙秘権の保障を推進。地下鉄サリン事件の弁護も。司法修習34期。

【4位】後藤貞人弁護士（後藤貞人法律事務所） 63票

関西が拠点の刑事弁護の第一人者で、平野母子殺害事件など担当。死刑廃止活動も。司法修習27期。

【5位】金岡繁裕弁護士（金岡法律事務所） 41票

複雑困難な刑事事件を多く手がける。外国人の在留問題で行政訴訟も担当。司法修習55期。

【6位】亀石倫子弁護士（法律事務所エクラうめだ） 39票

【7位】趙　誠峰弁護士（Kollectアーツ法律事務所） 34票

【8位】秋田真志弁護士（しんゆう法律事務所） 20票

【9位】坂根真也弁護士（東京ディフェンダー法律事務所） 16票

【10位】村木一郎弁護士（法テラス埼玉法律事務所） 13票

【労働問題】

【1位】指宿昭一弁護士（暁法律事務所） 118票

外国人研修生の労働者性を認めさせた三和サービス事件で勝訴。労働者の人権問題に取り組む。筑波大学比較文化学類卒業。司法修習60期。

【2位】佐々木・亮弁護士（旬報法律事務所） 103票

「ブラック企業被害対策弁護団」の顧問。長時間労働やパワハラなど、ブラック企業への対策で活躍している。司法修習56期。

【3位】川人・博弁護士（川人法律事務所） 72票

1990年代の電通社員の過労死で企業責任を初めて認めさせた。2015年の同じ電通の過労自殺も担当。司法修習30期。

【4位】渡辺輝人弁護士（京都第一法律事務所） 71票
【5位】岩出　誠弁護士（ロア・ユナイテッド法律事務所） 52票
【6位】棗　一郎弁護士（旬報法律事務所） 40票
【7位】笠置裕亮弁護士（横浜法律事務所） 27票
【8位】松丸　正弁護士（堺法律事務所） 26票
【9位】嶋﨑　量弁護士（神奈川総合法律事務所） 21票
【10位】淺野高宏弁護士（ユナイテッド・コモンズ法律事務所） 20票

【消費者・金銭】

【1位】紀藤正樹弁護士（リンク総合法律事務所） 234票
旧統一教会などの霊感商法を長年追及し続けている。ほかにオウム真理教の松本サリン事件も担当。大阪大学法学部卒業。司法修習42期。

【2位】宇都宮健児弁護士（東京市民法律事務所）　128票
クレサラ（クレジット・サラ金）など多重債務問題を牽引。市民運動も活発。日本弁護士連合会会長を務めた。司法修習23期。

【3位】荒井哲朗弁護士（あおい法律事務所）　52票
消費者問題に強い。アーバンコーポレイションなどの株主被害弁護団に参加。近年は仕組み債の販売に警鐘も。司法修習54期。

【4位】池本誠司弁護士（池本誠司法律事務所）　47票
【5位】釜井英法弁護士（池袋市民法律事務所）　21票
【6位】山口　広弁護士（東京共同法律事務所）　18票
【7位】齋藤雅弘弁護士（四谷の森法律事務所）　15票
【8位】石戸谷　豊弁護士（港共同法律事務所）　13票
【8位】野々山　宏弁護士（御池総合法律事務所）　13票
【10位】桜井健夫弁護士（桜井法律事務所）　9票

【家族問題】

【1位】森元みのり弁護士（森法律事務所）　97票

ＤＶやモラハラ、児童虐待、親子問題などの家事事件全般に強い。相続・贈与や財産分与に定評がある。東京大学法学部卒業。司法修習59期。

【2位】森　公任弁護士（森法律事務所）　77票

家事事件全般のほか、企業整理や不動産関係を得意とする。森法律事務所の代表で、副代表が森元みのり氏。司法修習33期。

【3位】中里妃沙子弁護士（丸の内ソレイユ法律事務所）　75票

早くから離婚に焦点を当て、相談を受けてきた。男女問題全般で実績がある。著書や講演、セミナーも多数。司法修習47期。

【4位】榊原富士子弁護士（さかきばら法律事務所）　72票
【5位】大谷美紀子弁護士（大谷&パートナーズ法律事務所）　70票
【6位】作花知志弁護士（作花法律事務所）　50票
【7位】岡村晴美弁護士（名古屋南部法律事務所）　48票
【8位】大貫憲介弁護士（さつき法律事務所）　31票
【9位】松江仁美弁護士（弁護士法人DREAM）　16票
【10位】上野　晃弁護士（日本橋さくら法律事務所）　14票

【ネット・SNS】

【1位】清水陽平弁護士（法律事務所アルシエン）　118票
ネット中傷の削除やリベンジポルノの対応に注力。ツイッターでの発信者情報開示請求を認めさせた。早稲田大学法学部卒業。司法修習60期。

【2位】神田知宏弁護士（内幸町国際総合法律事務所）117票

IT企業経営者から転身と異色の経歴を持つ。「IT弁護士」としてグーグル検索結果の削除請求にも関与。司法修習60期。

【3位】唐澤貴洋弁護士（法律事務所 Steadiness）91票

自身も経験した掲示板での誹謗中傷の被害者救済に精力的。YouTube のチャンネル登録者数は6万人以上。司法修習63期。

【4位】中澤佑一弁護士（戸田総合法律事務所）75票
【5位】深澤諭史弁護士（服部啓法律事務所）57票
【6位】壇　俊光弁護士（北尻総合法律事務所）30票
【7位】板倉陽一郎弁護士（ひかり総合法律事務所）28票
【8位】小沢一仁弁護士（インテグラル法律事務所）18票
【9位】藤吉修崇弁護士（弁護士法人ATB）9票
【10位】岡田　淳弁護士（森・濱田松本法律事務所）7票

【法務部員が選ぶ】弁護士ランキング

コロナ禍やウクライナ侵攻、未曽有の円安など、企業を取り巻く環境は激変している。近年では企業が法務部の人員を増強し体制を強化。コンプライアンス（法令順守）重視も無視できない。

「法務部員が選ぶ弁護士」ランキングでも弁護士ドットコムの協力を得てアンケートを実施。（回答者数：126人、調査時期：2022年9月中下旬）人事・労務、コンプライアンス・第三者委員会、M&A・会社法、知的財産、IT・個人情報保護・ベンチャーの5分野である。

その結果、人事・労務で首位になったのは、倉重公太朗弁護士だ。経営側の労働法を多く取り扱い、労働審判や団体交渉、労災対応などを得意としている。「企業の人事部とともに歩む羅針盤でありたい」をモットーにする。

コンプライアンス・第三者委員会1位は久保利英明弁護士。ゼンショーホールディングス「すき家」の労働環境改善に関する第三者委員会委員長などを務めた。

M&A・会社法でトップに立ったのは中村直人弁護士。株主代表訴訟の対応に定評があり、関西電力コンプライアンス委員会委員長なども務めた。

知的財産では山本飛翔弁護士が首位だ。知的財産法や知財戦略に詳しいほか、スタートアップ支援などに精力的。特許庁ともガイドラインづくりなどで関わる。

IT・個人情報保護・ベンチャーで1位は石川智也弁護士である。データの保護ではGDPR（一般データ保護規則）の最新動向を解説するセミナーがわかりやすい。

弁護士ドットコムが運営する国内最大級の企業法務ポータルサイト、「BUSINESS LAWYERS」の松本慎一郎編集長は次のように分析する。

「今回のランキングでは常連に加え、若手の名前も見られた。本業に加えて書籍の執筆や講演、SNSでの発信も精力的にこなす方々が目立つ。

企業内では答えのない問題に向き合う場面が増えるが、そのときに必要なのが法律の専門家の知見でありノウハウだ。弁護士を広く法務担当者に伝える場も必要で、われわれも一翼を担いたい」

【人事・労務】

【1位】倉重公太朗弁護士（KKM法律事務所）

経営者側の労働法専門として、ニュータイプの弁護士を自称。新時代の日本型雇用のコンサルティングも心がける。ヤフーでの連載やYouTubeでの情報発信などにも積極的だ。慶応大学経済学部卒業。司法修習59期。

【2位】木下潮音弁護士（第一芙蓉法律事務所）

労務の第一人者。スルガ銀行の改革委員会委員長など歴任。東京工業大副学長も。司法修習37期。

【3位】向井　蘭弁護士（杜若経営法律事務所）

経営者側で過労死訴訟や解雇訴訟などを担当。労働組合とのやり取りにも定評。司法修習57期。

【4位】

岩出　誠弁護士（ロア・ユナイテッド法律事務所）

高谷知佐子弁護士（森・濱田松本法律事務所）

高仲幸雄弁護士（中山・男澤法律事務所）

小鍛冶広道弁護士（第一芙蓉法律事務所）

【8位】

安西　愈弁護士（安西法律事務所）

江口拓哉弁護士（森・濱田松本法律事務所）

髙田真司弁護士（大江橋法律事務所）

今津幸子弁護士（アンダーソン・毛利・友常法律事務所）

浅井　隆弁護士（第一芙蓉法律事務所）

【コンプライアンス・第三者委員会】

【1位】久保利英明弁護士（日比谷パーク法律事務所）

第三者委員会報告書格付け委員会委員長。ゼンショーやマルハニチロの第三者委員会などにも参加。東京大学法学部卒業。司法修習23期。

【2位】山口利昭弁護士（山口利昭法律事務所）

監査法人や監査役などの支援を通し企業の内部統制構築に従事。ブログ「ビジネス法務の部屋」管理人も。司法修習42期。

【3位】郷原信郎弁護士（郷原総合コンプライアンス法律事務所）

元検事のヤメ検弁護士。コンプライアンスに一家言ある。「長い物には巻かれない」「権力と戦う」がモットー。司法修習35期。

【4位】木目田　裕弁護士（西村あさひ法律事務所）
【5位】國廣　正弁護士（国広総合法律事務所）
【5位】竹内　朗弁護士（プロアクト法律事務所）

【M&A・会社法】

【1位】中村直人弁護士（中村・角田・松本法律事務所）
訴訟や会社法に強い。関西電力コンプライアンス委員会委員長などを歴任。一橋大学法学部卒業。司法修習37期。

【2位】太田　洋弁護士（西村あさひ法律事務所）
国際的なM&Aや金融ファイナンスが得意。武田薬品工業のシャイアー買収、東証と大証の統合を手がける。司法修習45期。

【3位】川井信之弁護士（川井総合法律事務所）
会社法や訴訟、企業取引を専門とする。米国勤務の経験があり英文契約も扱う。新聞等でのコメントも多い。司法修習50期。

【4位】武井一浩弁護士（西村あさひ法律事務所）

【5位】
江口拓哉弁護士（森・濱田松本法律事務所）
佐藤彰紘弁護士（佐藤綜合法律事務所）
小舘浩樹弁護士（アンダーソン・毛利・友常法律事務所）

【知的財産】

【1位】山本飛翔弁護士（中村合同特許法律事務所）
知財法や知財戦略を主力にスタートアップ支援や資金調達などにも当たる。弁護士

知財ネットでも活動。早稲田大学法学部卒業。司法修習69期。

【2位】福井健策弁護士（骨董通り法律事務所）

著作権法や芸術・文化法が専門。レコード会社やプロダクション向けに契約交渉代理や紛争処理で支える。司法修習45期。

【3位】鮫島正洋弁護士（内田・鮫島法律事務所）

特許や意匠など企業向けの技術法務に特色。「下町ロケット」（TBS）の神谷修一弁護士のモデルでもある。司法修習51期。

【4位】

伊藤雅浩弁護士（シティライツ法律事務所）
古庄俊哉弁護士（大江橋法律事務所）
城山康文弁護士（アンダーソン・毛利・友常法律事務所）

濱野敏彦弁護士（西村あさひ法律事務所）

【8位】

永島太郎弁護士（内田・鮫島法律事務所）

内田　誠弁護士（ｉＣｒａｆｔ法律事務所）

飯田耕一郎弁護士（森・濱田松本法律事務所）

尾西祥平弁護士（三浦法律事務所）

福岡真之介弁護士（西村あさひ法律事務所）

【IT・個人情報保護・ベンチャー】

【1位】石川智也弁護士（西村あさひ法律事務所）

個人情報保護ではデータ保護法への対応に定評がある。ＥＵだけでなく各国の規制に実務面で対応。東京大学法学部卒業。司法修習59期。

【2位】影島広泰弁護士（牛島総合法律事務所）
システム・ソフト開発に関する訴訟の解決、企業の情報管理への助言を行っている。リスクマネジメントも。司法修習56期。

【3位】大井哲也弁護士（TMI総合法律事務所）
プライバシーやサイバーセキュリティーの関連法規に強みを持つ。データ活用に関するコンサルファームも運営。司法修習54期。

【4位】
岡村久道弁護士（英知法律事務所）
増島雅和弁護士（森・濱田松本法律事務所）
板倉陽一郎弁護士（ひかり総合法律事務所）

企業内弁護士の高まるプレゼンス

日本組織内弁護士協会 理事長・坂本英之

過去20年間で企業内弁護士は劇的に増加した。2002年には日本で80人にすぎなかったが、その後右肩上がりに増え、22年6月で2965人まで拡大した。企業内弁護士を採用する企業は1372社に上る。

企業における専門家へのニーズが増していたところに、司法制度改革により企業内に活躍の場を求める弁護士が増えたことで、需給がマッチしたといえる。取引の当事者として意思決定に関与できるため、ビジネスへの貢献が多い点にやりがいを感じて、企業内弁護士を選ぶ者が多い。

◆ 企業内弁護士数は増え続けている

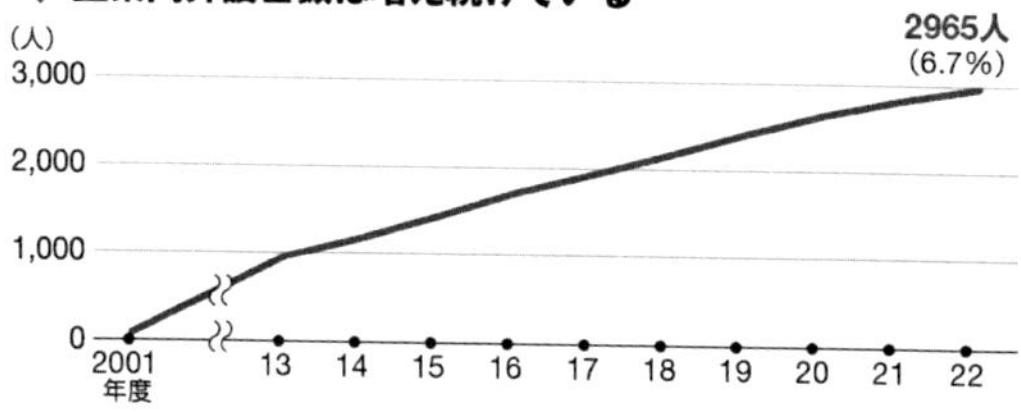

（注）（　）内は企業内弁護士率　（出所）日本組織内弁護士協会

◆ 企業内弁護士を抱える企業トップ10

順位	企業	人数
1	ヤフー	49
2	三井住友信託銀行	31
3	アマゾンジャパン	27
4	丸紅	26
5	LINE	25
6	三井物産	24
7	野村証券	23
〃	三井住友銀行	23
9	三菱UFJ銀行	22
〃	三菱商事	22

（出所）日本組織内弁護士協会

近年、コーポレートガバナンス（企業統治）やコンプライアンス（法令順守）など、企業は社会的責任への意識を高め、法務部門の強化に乗り出している。そこで期待されているのは、企業を法的リスクから守るガーディアン機能のほか、ビジネス推進をサポートするパートナー機能だ。

このような役割を果たすため、企業は実務経験のある弁護士を、即戦力として採用するケースが多い。企業内弁護士の活躍の場所は、単に法務部門だけでなく、経営企画や知的財産権、ロビーイングなどにも広がっている。日本組織内弁護士協会のアンケートデータによれば、回答者のうち管理職の割合は13年に40％だったが、22年には55％にまで上昇。よりシニアなポジションに就いて貢献する企業内弁護士が増えている。

企業内弁護士は女性比率が41・6％と高いのも特徴だ（弁護士全体では約20％）。女性弁護士が法務部門でシニアな役割を担い、企業のダイバーシティー（多様性）に貢献しているといえよう。

ＣＬＯのポジション

最近では弁護士が企業のＣＬＯ（チーフ・リーガル・オフィサー：最高法務責任者）に就任する例も目立ってきた。ゼネラル・カウンセル（ＧＣ）とも呼ばれる。同アンケートデータによれば、１３年には回答者のうち３％だったが、２２年に６％に上がっている。

米国企業では、伝統的に弁護士がＣＬＯに就任することが一般的だったのに対し、今まで日系企業では限られていた。しかしここ数年は日本企業でも新たにＣＬＯを新設。かつ弁護士が就任するケースは少しずつ増えている。

これは法務的な観点のセンスと経営の観点のセンスを兼ね備えた弁護士に、ＣＬＯとして経営の意思決定を担ってもらうことを、企業が期待していることの表れと考えられる。スタートアップ企業では、新しい事業モデルを構築するため、時にはリスクテイクが必要で、ＣＬＯの貢献できる部分は大きい。

ＣＬＯの仕事は多彩である。リスク管理の枠組みの構築やガバナンス強化、Ｍ＆Ａ

などの戦略構築、法務部門の体制強化などだ。

企業内弁護士は人数が増えるとともに、活動領域を広げ、よりシニアのポジションを担うことで、プレゼンスを高めてきた。今後も国際事業拡大やＥＳＧ（環境・社会・企業統治）重視経営で、活躍の場はさらに広がるだろう。

坂本英之（さかもと・ひでゆき）
東京大学法学部卒業後、２００１年弁護士登録。長島・大野・常松法律事務所等を経て、１７年ジブラルタ生命保険入社。２２年４月より現職。

「離婚」と「交通事故」が収入源

弁護士の収入源は目まぐるしく変化している。一時、新興の法律事務所が群がった過払い金返還請求バブルは、返還金額が2009年度には6589億円まで達したが、その後縮小した。

代わってここ数年、手堅い収入源として注目されるのが、「離婚」と「交通事故」だ。かつては弁護士から「離婚なんて」と格下に見られていた分野だが、小口ながらコツコツ稼げる手段として、今や主力に据えている法律事務所も少なくない。

日本弁護士連合会の「経済基盤調査」で、弁護士が業務に投入する時間を比較すると、「家族／離婚・親子」が3位。「交通事故／当事者代理」は5位に入っている。

◆ 離婚と交通事故は安定して高い

―弁護士の各業務の投入時間比較―

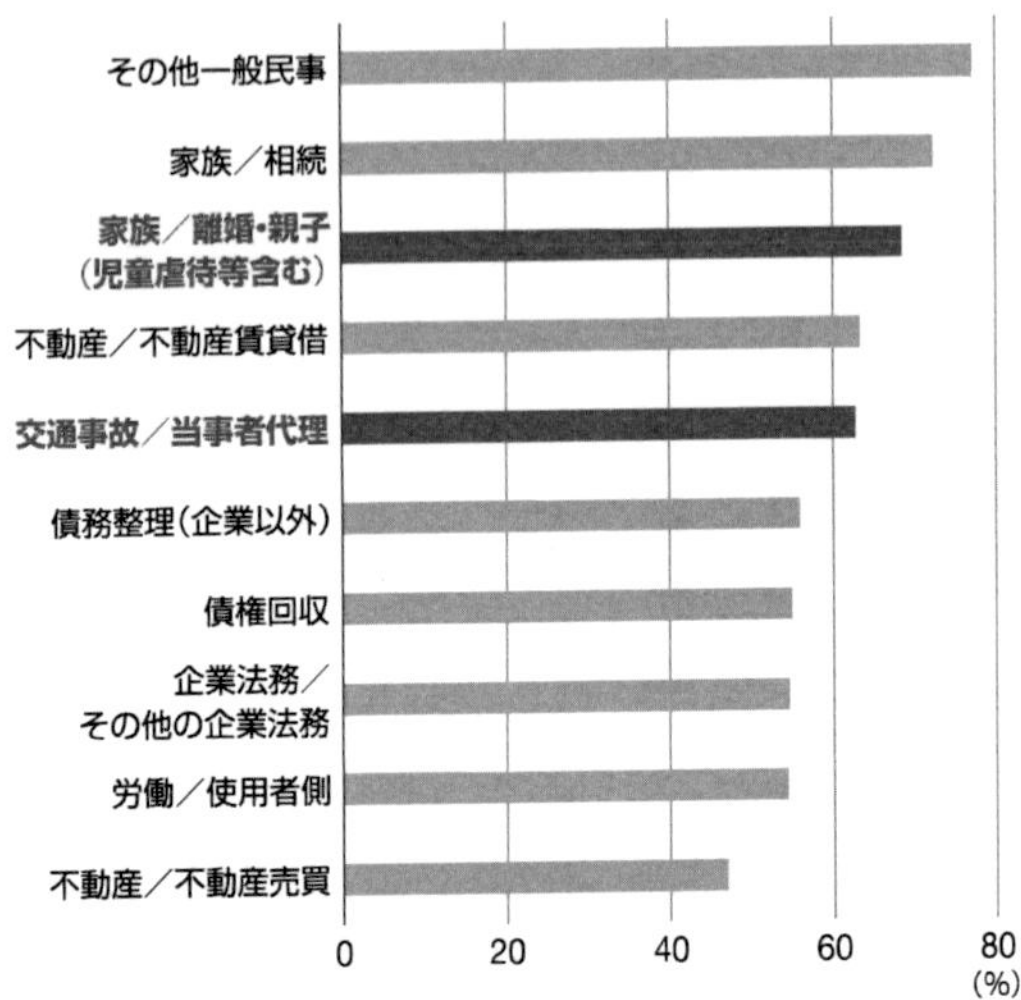

(注)「多くの時間を使った」「ある程度の時間を使った」の合計数値

(出所)「経済基盤調査2020」(日本弁護士連合会)を基に東洋経済作成

とはいえ過払い金のように、確実に貸金業者から金額を回収できるような、ビジネスモデルがあるわけではない。ただ共通のパターンはある。

最大の特徴はＷｅｂを活用した集客だ。

まさか「離婚予定はありますか」と不特定多数に聞くわけにはいかない。離婚関連のサイトは数百あるとされるが、リスティング（検索連動）広告やＳＥＯ（検索エンジン最適化）、ＳＮＳを使い分け、「離婚」「弁護士」などのキーワードで訪れたユーザーを囲い込むのである。

そして実際の相談にこぎ着けたら、迷っている顧客に対し、離婚に関するアドバイスや弁護士に頼むメリットを説明し、次回以降も継続するように誘導する。受任率を高めるには、弁護士の能力だけでなく、事務所の立地やブランド、費用も重要な要素だ。

弁護士は報酬として、離婚が成立した場合、慰謝料や養育費、財産分与などで得た顧客の「経済的利益」から例えば１０％など、一定の割合の金額を受け取る。子どもの養育費や婚姻費用は裁判所に算定表があり、互いの年収がわかれば、自動的に計算される仕組みになっている。

離婚ビジネスの隆盛

ちなみに日本における離婚件数は、10年の25・1万件から21年には18・4万件と、年々減少傾向にある。これから弁護士間の顧客獲得競争は激しくなる一方だろう。

近年では離婚ビジネスともいえるような、さまざまな方法を駆使し、離婚や別居を勧めているケースもあるという。だからこそ儲け優先ではない、信頼できる弁護士選びが必要だ。

一方、交通事故も、意外に手堅い収入源である。

こちらはわかりやすい。交通事故があった場合、弁護士が被害者側に立って示談交渉をする。加害者の加入する保険会社に対し、治療費や休業補償、慰謝料を請求する、という流れだ。保険に弁護士費用特約がついていれば、被害者の自己負担はゼロで済む。

集客は離婚と同様、Ｗｅｂマーケティングのほか、医者や接骨院とのネットワークを通じて情報を収集する法律事務所もある。中には損害賠償額をより多く請求できる、重度後遺障害者を重視している弁護士もいるという。

参考までに交通事故の件数も、１０年の７２・６万件から２１年は３０・５万件と大きく減っている。今後、車離れや免許返納、安全運転支援装置の普及などが進めば、交通事故は一層減るに違いない。

離婚や交通事故は、敷居の高かった弁護士を一般人にも身近な存在にし、繁忙が続いている。ただこれでいつまで食えるかはわからない。弁護士が新たな収入源を探す必要性は高まりそうだ。

（編集部）

司法試験の合格率は50％に近づく

民事事件の獲得競争は激化へ

弁護士・関田真也

2022年9月6日に2022年の司法試験の結果が発表された。合格率は45・5％と受験者の半数近くが合格。旧司法試験の合格率は3％前後だったことを考えると劇的に上昇した。

直近では受験者数が大幅に減っている。2004年に法科大学院が開校、06年に新司法試験が導入されて以来、11年に8765人でピークをつけた後、22年には3082人と約3分の1になった。一方、合格者数はここ3年ほど、1400人程度で維持されている。

かつて10年から13年に「司法試験に受かっても就職先がない」といわれたが、

実はもう「新人を採用できない」とされるほど、弁護士は売り手市場に転換している。

新司法試験の合格者が入ってきた60期（07年登録）から63期（10年）まで、弁護士登録者数は年約2000人と従来の倍近くに拡大した。その後も弁護士は増え、11年の東日本大震災やデフレ深刻化も響き、64期（11年）から68期（15年）にかけて、就職氷河期に突入する。だが注目すべきは15年から16年にかけてだ。

この時期は、登録者数が多かった60期から63期が弁護士生活5～7年目にさしかかり、独立して事務所を開業し、後輩をマネジメントする立場に回り始めた時期と重なっている。早期独立した都内のある中堅弁護士も「69期（16年）くらいから採用が明らかに難しくなった」と振り返る。

近年では規模の大きい事務所ほど採用数を増加させている。法律事務所全体の4・5％にすぎない50人以上の大型事務所は、新規登録した74期（21年）のうちの約4割を採用（ジュリナビ調べ）。そのあおりを受け個人事務所は採用に苦戦しており、地方の事務所や公設の事務所にはそもそも応募すら来なくなっているという。

このように人数の多い新司法試験組が一定のキャリアを積んだことで新人弁護士へ

の需要は増えている。一方で、直近3年間の登録者数は平均1000人強と、新司法試験開始後ピークの2043人の半分となり、供給は減った。もはや需給は逆転、弁護士不足とさえいえるのだ。

もっとも、全体数が増えたことで、弁護士同士の競争が激化している現実もある。「弁護士白書」21年版によると、弁護士が企業や個人と顧問契約を締結している割合は2000年に80・6%だったが、20年には57・5%まで下がった。

◆ 受験者数は減り、合格率は上がった
―司法試験の合格状況の推移―

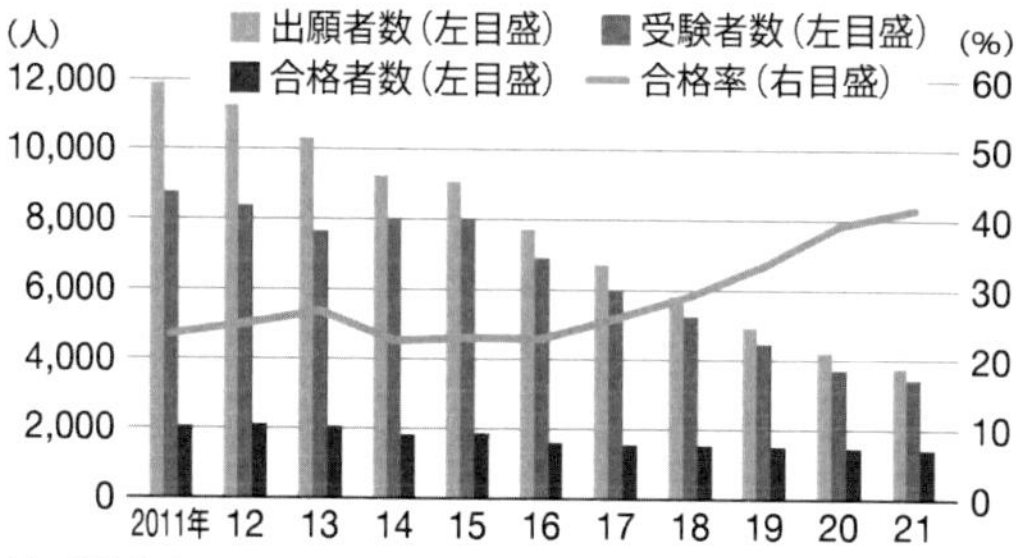

(出所)法務省の資料を基に筆者作成

◆ 弁護士は1000人程度で横ばい続く
―司法修習終了者の進路別推移―

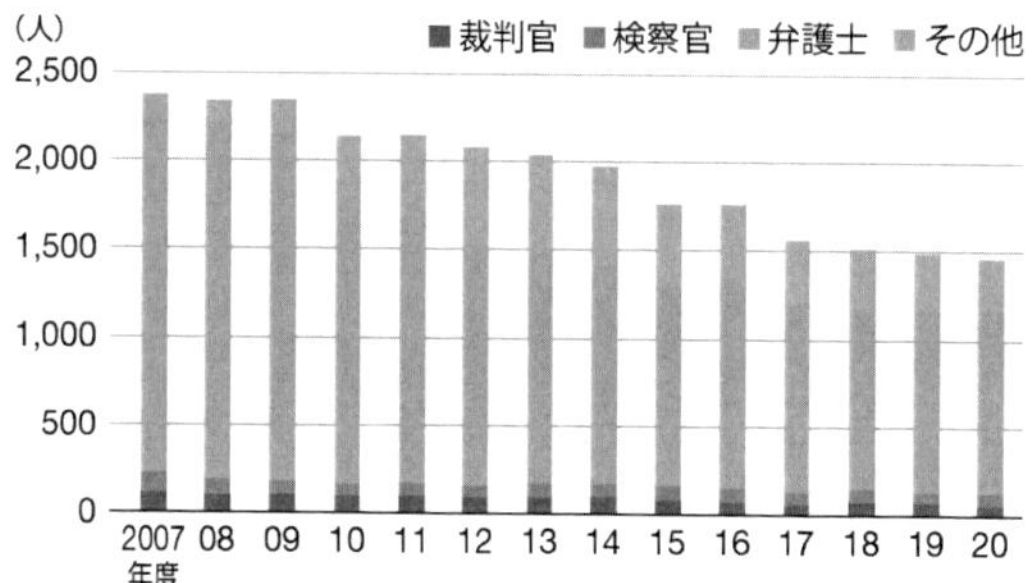

(出所)「裁判所データブック2021」(最高裁判所)を基に筆者作成

主戦場は今やWeb集客

企業の顧問獲得より厳しいのがWebで集客できる一般民事事件だ。かつて一般民事の法律相談といえば、各地の弁護士会や自治体だったが、2000年に弁護士など士業の広告が解禁されて以降、主戦場は完全にWebへと移っている。

法律相談ポータルサイト「弁護士ナビ」を運営するアシロでは、受任を希望する弁護士が多い交通事故や債務整理といった分野で、広告販売をストップしているという。離婚や不貞慰謝料、残業代請求などでも、集客競争は激しい。

「顧問先のない事務所は目先の安定したキャッシュフローが欲しい。定型処理が可能でWeb集客でも事件化しやすい分野に人気が集中している」（カスタマーサクセス部門の統括責任者を務める大橋佑紀氏）。昔は法律事務所に広告の営業電話が来ると煙たがられたが、今や弁護士が広告を出したくても出せない領域が出ている。

ポータルに頼らず、自分で広告を打とうとすれば、資本力が物をいう。リスティング（検索連動型）広告やSEO（検索エンジン最適化）にかける予算は、中規模事務所でも年５０００万円程度で、弁護士数ランキングで上位に載るような新興事務所では年２０億円を優に超えるという。数百万円の予算では勝負にならない。

司法制度改革においては、「弁護士も一個人事業主にすぎず、競争にさらされることは当然だ」、との考え方が繰り返し強調されてきた。これからは取り扱う業務分野や営業方法に対し、戦略性が求められることは避けられない。

資格試験としてみれば、公認会計士の合格率の約１０％などと比べると、合格率が５０％近い司法試験はまさしく狙い目だ。新たに導入された予備試験は合格率約４％と上位層に猛者が集まる難関であること、従来の法科大学院のルートは時間的・経済的コストが難点だろう。しかし、司法試験の受験資格を得てしまえば、以前と比較にならないほど、法曹界への門戸は大きく開かれている。

司法試験合格者数が今後も毎年１５００人程度で維持される場合、弁護士数は２１年の４・３万人から、３３年には６万人に達する見込みだ。圧倒的な専門性を磨いて選ばれ続けるか、事業主として営業力や組織づくりに強みを見いだすか。それともあえて独立せずに大企業や大規模法律事務所に所属して安定を追求するのか。

「バッジさえあれば」の時代は終わる。生き残るための選択と決断が弁護士には求められるだろう。

関田真也（せきた・しんや）
1984年生まれ。慶大法卒、一橋大院修了。東洋経済オンライン編集部にて記者・編集者として従事。2018年弁護士登録。法律事務所アルシエンで不動産分野を中心に扱う。

弁護士費用はどう決まる?

弁護士費用の内訳は依頼する業務の内容で異なる。トラブルの相談を受ける、代理人として相手方と交渉する、調停・裁判に対応する場合、「相談料」「着手金」「報酬」に分かれるのが一般的だ。

「相談料」は法律相談時に発生する費用で、30分5000円程度が通常だが、初回相談は無料の法律事務所も多い。例えば、弁護士ドットコムで離婚分野に登録する弁護士約3300人のデータによると、相談料を無料とする弁護士(初回無料含む)は約6割、5000円とする弁護士が約3割だった(2022年2月)。

「着手金」は弁護士に事件処理を依頼する際に発生する費用。結果として、依頼者の希望どおりにはならなかったとしても支払う必要があり、返金はされない。

「報酬」には固定報酬と成功報酬がある。固定報酬は依頼の成功・不成功にかかわらず発生する費用で、成功報酬は事件が解決した段階で発生する費用。成功とは、依頼者の希望が全面的にかなえられた場合だけでなく、一部成功したような場合も含まれる。

着手金と成功報酬の相場はかつて日本弁護士連合会が採用した基準が参考になる。旧基準では着手金は経済的利益の2～8％、成功報酬は同2～16％程度に設定。経済的利益とは弁護士に依頼したことで確保できた利益だ。

また弁護士が事件を進めるための実費も費用として計上される。交通費や印紙・切手代、コピー費など。さらに調査業務や契約交渉で、一定期間継続して弁護士が業務に当たる依頼では、タイムチャージ制（単価 × 時間 = 報酬）を採用する事務所もある。

現在では多くの事務所がサイトに料金表を明示し、受任前には費用の見積もりも提示してくれる。まずは気軽に法律相談を利用してはいかがだろうか。

（弁護士ドットコム）

INTERVIEW

「M&Aや通商の需要は高い」

西村あさひ法律事務所　執行パートナー・中山龍太郎

われわれはワンストップファームとして企業法務で業務を展開している。M&Aやファイナンス、危機管理、国際的な仲裁などは伝統的に強い。コロナ禍でもこれらのニーズは途絶えず、引き続き注力する分野だ。

需要が高まっているのが、「DX（デジタルトランスフォーメーション）」「通商サンクション（制裁）」「サステナビリティー（持続可能性）」「事業再生」の4分野。DXに伴うデータの取り扱いや制度的な課題、中国やロシアにおける通商上の対応がそうだ。サステナビリティーではチームを立ち上げ、ビジネスと人権、アグリ・フードなどについて相談を受けている。

事業再生においては過去に日本航空（JAL）などの超大型案件を手がけてきた。

ここ10年間、日本のブランドがアジアに追い上げられている中、金融機関との調整や事業の見直しや売却で、かなり難しい局面が出てくるだろう。われわれの高度な事業再生のノウハウは再び役に立つ。

ほかにも、今、リーガルテックが注目されているが、そこではセキュリティーが問題になる。2020年に出資した米レイネンコートは安全な状態でリーガルテックを提供するプラットフォームだ。どこまでできて何ができないか、つねにアンテナを張っている。

理想とする弁護士像も変わってきた。現在は業務を通じて社会貢献をしたり、ワーク・ライフ・バランスを重視したりする人もいる。大手だから採用は安泰ということはなく、うちに来たら自己実現の機会があることをアピールして、優秀な人材を集めたい。

(聞き手・大正谷成晴)

中山龍太郎(なかやま・りゅうたろう)

東京大学法学部(第二類)卒業、東京大学法学政治学研究科修士課程修了後、1999年弁護士登録。2009年ニューヨーク州弁護士登録。21年4月より現職。

INTERVIEW

「新しさを追うベンチャーだ」

TMI総合法律事務所代表・田中克郎

「株主総会」「エネルギー」など、特定分野に特化した専門家グループを立ち上げ、多くの弁護士がいずれかのグループに参加している。誰かがボスではなく、ある分野に強い人たちがグループをつくり、次世代を養成するフィロソフィー（哲学）がある。

２０２２年１月には医療法務グループの活動から、ＴＭＩヘルスケアコンサルティングが生まれた。医者と弁護士の資格を持った者もいる。クライアントやスタッフ、家族を対象にした健康相談のほか、医療経営のコンサルなども考えている。５月には私と黒岩祐治知事がサインし、神奈川県と包括協定を締結。うちのネットワークや法的知見で社会的課題を解決したい。

われわれは今までの法律事務所とは発想を変え、新たな場所に積極的に出ていく。現在はインハウス（企業内）の弁護士も増えるなど、取り巻く環境は大きく変わった。外部の弁護士は、インハウスではできない、従来の弁護士像からはみ出した取り組みが必要になるため、グループを通じて形にしていきたいと考えている。

ほかに原子力・放射線をはじめ、興味があるものをどんどん進めている。例えば宇宙・航空では、5～6歳でプログラミングを始めるような天才が必要になるかもしれないが、そうした頭脳集団と弁護士が協業すれば問題ない。

スター弁護士はどこにでもいるが、うちはあくまでもチーム。ベンチャー企業だと思っている。事務所のキャッチフレーズである「新しいことをする事務所」「人がやらないことをする事務所」を大切にしていきたい。

（聞き手・大正谷成晴）

田中克郎（たなか・かつろう）

1945年生まれ。中央大学法学部卒業後、70年弁護士登録。米国勤務を経て、81年西村眞田法律事務所にパートナーとして参画。90年TMI総合法律事務所開設。

「ルールができる前に動け」

中村・角田・松本法律事務所パートナー・中村直人

今日、企業法務を取り巻く状況は、2つの意味で大きく変化してきている。

1つは民主主義陣営と専制主義陣営との分断が鮮明になったこと。国際的な政治リスクを経営戦略にどう反映するかが課題になっている。もう1つは人的資本に関する情報開示がコーポレートガバナンス・コード（企業統治指針）に明記されたこと。社内問題にすぎなかった労働政策が今やガバナンスの問題になった。

そうした変化とともに企業法務を担う弁護士の活動領域も拡大している。法律事務所に対する第三者委員会の依頼も非常に多い。弁護士の存在は経済に不可欠なインフラになったといえよう。

社会の大きな転換点においては、正義や公正の価値観も変化し、今までの判例や学説が通用しなくなる。元来保守的なイメージの強い法務部門も「これからはこうだ」と経営者を説得するようなチャレンジングな姿勢が求められる。

一方で想定しうるリスクは回避すべき。人の生命や財産を脅かすリスクを見逃してはならない。サステナビリティー（持続可能性）や人権デューデリジェンス（事前評価）にまつわるリスクにも注意が必要だ。この対応を誤ると、世間から非難を浴びて、企業価値を大きく毀損してしまう。

重要なのは対応するタイミングである。エクセレントカンパニーほど自主的に手を打っている。短期的にコストでも、長期的には企業価値向上をもたらす。世の中の動向を察知し、ルールができる前に経営者に進言できるのが、これから必要とされる弁護士だ。

（聞き手・堀尾大悟）

中村直人（なかむら・なおと）
1960年生まれ。一橋大学法学部卒業。85年弁護士登録。日比谷パーク法律事務所を経て、2003年中村直人（現中村・角田・松本）法律事務所開設。

INTERVIEW

「AIと弁護士は両立できる」

弁護士ドットコム 社長・元榮太一郎

民事裁判手続きのIT化は、法曹人口拡大を図った司法制度改革以来の大改革だ。オンラインでの訴状の提出、Web会議を利用した口頭弁論など、司法のDX（デジタルトランスフォーメーション）が前進する。弁護士は頭脳労働により注力できる。

今後はAI（人工知能）の活用も期待される。法律相談の事前の整理や判例の自動表示、裁判文書のドラフト作成で、AIは弁護士の補助ツールとして生産性を飛躍的に高める。生産性の高まりにより、弁護士1人当たりの案件数が増加することで、より多くの人が司法サービスを享受できる。

一方、弁護士の独占業務にAIを導入するのは、世界でもハードルの高いテーマだ。弁護士は医師と並び専門性が極めて高く、人の人生にも影響を及ぼす職業なだけに、司法サービスの質の担保とセットで検討すべき。政府や日弁連を中心に対話を重ねながら慎重にルールを整備する必要がある。

当社の電子契約サービス「クラウドサイン」は大企業や自治体はじめ多くの導入ユーザー数で国内シェア1位。導入企業は爆発的に増えているが、各企業では現場の一部での使用にとどまり、年間契約数に対する電子契約の利用率は1％にすぎない。DX推進のためにも利用率向上は急務だ。

私は参議院議員時代の6年間を通じ、国家百年の計という時間軸で日本を俯瞰する視座を学んだ。経営に専念するからには応援してくれた人に納得してもらえるだけの社会貢献を果たす。弁護士ドットコムをこれからの日本を牽引する企業に育てていきたい。

（聞き手・堀尾大悟）

元榮太一郎（もとえ・たいちろう）
1975年生まれ。慶応大学法学部卒業。2001年弁護士登録。05年弁護士ドットコム創業。14年弁護士関連で初のマザーズ（現グロース）上場。

【週刊東洋経済】

本書は、東洋経済新報社『週刊東洋経済』2022年11月5日号より抜粋、加筆修正のうえ制作しています。この記事が完全収録された底本をはじめ、雑誌バックナンバーは小社ホームページからもお求めいただけます。

小社では、『週刊東洋経済eビジネス新書』シリーズをはじめ、このほかにも多数の電子書籍ラインナップをそろえております。ぜひストアにて「東洋経済」で検索してみてください。

『週刊東洋経済eビジネス新書』シリーズ

No.414　病院サバイバル
No.415　生保　最新事情
No.416　M&Aマフィア
No.417　工場が消える

No.418　経済超入門　2022
No.419　東証　沈没
No.420　テクノロジーの未来地図
No.421　年金の新常識
No.422　先を知るための読書案内
No.423　欧州動乱史
No.424　物流ドライバーが消える日
No.425　エネルギー戦争
No.426　瀬戸際の地銀
No.427　不動産争奪戦
No.428　インフレ時代の資産運用&防衛術
No.429　人口減サバイバル
No.430　自衛隊は日本を守れるか
No.431　教員不足の深層

No.432　ニッポンのＳＤＧｓ＆ＥＳＧ
No.433　独走トヨタ 迫る試練
No.434　変わる相続・贈与の節税
No.435　東芝の末路
No.436　食糧危機は終わらない
No.437　ゼネコン　両利きの経営
No.438　すごいベンチャー２０２２〔前編〕
No.439　すごいベンチャー２０２２〔後編〕
No.440　宗教　カネと政治
No.441　岐路に立つ鉄道
No.442　学び直し全ガイド
No.443　米中 大動乱

週刊東洋経済eビジネス新書　No.444

高揚するコンサル　したたかな弁護士

【本誌（底本）】

編集局　大野和幸、宇都宮　徹

デザイン　dig（成宮　成、山﨑綾子、峰村沙那、坂本弓華）

進行管理　平野　藍

発行日　2022年11月5日

【電子版】

編集制作　塚田由紀夫、長谷川　隆

デザイン　大村善久

制作協力　丸井工文社

発行日　2024年2月1日　Ver.1

発行所　〒103-8345
東京都中央区日本橋本石町1-2-1
東洋経済新報社
電話　東洋経済カスタマーセンター
03（6386）1040
https://toyokeizai.net/
発行人　田北浩章

電子書籍化に際しては、仕様上の都合などにより適宜編集を加えています。登場人物に関する情報、価格、為替レートなどは、特に記載のない限り底本編集当時のものです。一部の漢字を簡易慣用字体やかなで表記している場合があります。本書は縦書きでレイアウトしています。ご覧になる機種により表示に差が生じることがあります。

※本刊行物は、電子書籍版に基づいてプリントオンデマンド版として作成されたものです。